Como ser um **milionário** ao extremo

AZIZI ALI

Como ser um milionário ao extremo

MATRIX

Matrix Editora
www.matrixeditora.com.br

Diretor editorial
Paulo Tadeu

Tradutor
Fernando Effori de Mello

Capa e projeto gráfico
Alexandre Santiago

Revisão
Adriana Wrege
Lucrécia de Freitas

CIP-BRASIL - CATALOGAÇÃO NA FONTE
SINDICATO NACIONAL DOS EDITORES DE LIVROS, RJ

Ali, Azizi
Como ser um milionário ao extremo / Azizi Ali; tradução Fernando Effori de Mello. - 1. ed. - São Paulo: Matrix, 2015.
144 p. ; 21 cm.

Tradução de: How to become an extreme millionaire

ISBN 978-85-8230-190-6

1. Administração de empresas. 2. Planejamento estratégico. 3. Desenvolvimento organizacional. 4. Sucesso nos negócios. I. Título.

15-22583 CDD: 658
CDU: 658

Sumário

Prefácio

No mundo de hoje a moda é ser moderado. Ainda mais no trabalho. Devemos ser flexíveis em nosso horário, dedicando tempo para a família, para os cuidados com o corpo na academia, para o lazer e até para a meditação.

Eu também pensava assim, até passar por minhas mãos o livro de Azizi Ali, um campeão de vendas na Ásia.

Azizi prega justamente o contrário dessa crença moderna. Ele é prático e direto. Suas opiniões são decorrentes de casos fáceis de serem observados. Quando ele afirma que ninguém quer um médico cuidando de sua saúde se esse médico fizer um trabalho moderado, não há como pensarmos o contrário quanto ao conteúdo deste livro.

Ele nos faz pensar de que maneira realmente devemos agir na vida profissional. E a receita de Azizi é: devemos agir radicalmente. Para ganhar dinheiro é preciso trabalhar muito duro. Não ficar na mesmice das oito horas diárias. E, se tiver que abrir mão de algo, então abra mão de tudo e corra para o sucesso financeiro.

São lições que nenhum profissional que queira crescer na carreira vai ver na escola.

Para ser rico e famoso é preciso assumir os próprios riscos – ninguém fica rico sem esforço. Ele cita exemplos de pessoas comuns, como eu e você, que assumiram riscos e superaram barreiras. É isso que possibilita a qualquer pessoa ser rica, muito rica.

Posso afirmar sem medo que, quando li este livro, houve uma grande transformação em mim. Esta obra tornou-se meu livro de cabeceira, já o li inúmeras vezes e não me canso de sugar suas ideias e colocá-las em prática no meu dia a dia. São inúmeros os resultados que já colhi.

Seja corajoso. Coloque os ensinamentos em prática durante pelo menos um ano, período que, tenho certeza, vai fazer uma diferença muito significativa na sua condição material.

Leonardo Schulmann, autor de Como ficar rico comprando imóveis em leilões, *seguiu a fórmula de Azizi e fez mais de um milhão de dólares em pouco tempo.*

Advertência

Este é um livro diferente. Não é um livro politicamente correto. Não é para aqueles de coração fraco, para gente dócil ou que se contenta facilmente. Não é para mentes fechadas ou garotinhos. É um livro para pessoas entusiasmadas, que querem mais em suas vidas, que querem realmente viver e fazer a diferença no mundo. É para aqueles que procuram emoção, e não a saída mais fácil. É para as pessoas que estão prontas para uma mudança radical - um salto quântico - em seus níveis de felicidade, saúde, riqueza e realização.

Este livro é sobre prosperar como milionário extremo.

Aqui estão cinco chaves para ser um milionário extremo. São elas:

1. Liberte sua mente.
2. Seja um extremista.
3. Siga seus sonhos.
4. Entre em vendas.
5. Viva a vida.

"Só isso?", perguntarão alguns. "Só cinco chaves?"

"Sim, só cinco."

"É fácil concretizá-las?"

"Não."

"Vale a pena?"

"Pode apostar!"

Este livro mostra como eu e algumas pessoas chegamos lá. Então, esse é o jeito do milionário extremo. Não estou sugerindo que nosso modo é o único, mas você, sem dúvida, concordará que é um jeito eletrizante de chegar lá. Em seguida, enquanto partilho com você sobre como se tornar um milionário extremo, também vou partilhar a parte mais importante - como manter o dinheiro e aproveitar a vida.

Deixe-me explicar, também, que este não é um livro sobre bravatas ou sobre ter mais colhões do que os outros. Eu não o utilizo para perseguir atividades "extremas" como *BASE jumping*, *motocross freestyle* e coisas do tipo. Tenho de explicar isso porque haverá pessoas que vão dizer que o que eu faço não é extremo o bastante para elas. "O quê? Isso não é extremo, isso é para maricas!", alguns vão gritar das montanhas mais altas. Para esses, eu digo que podem usar a palavra como acharem melhor, assim como eu posso usá-la como eu achar melhor. Os dois lados estão certos.

A seguir, esteja avisado de que muitas das atividades envolvem o elemento perigo. Embora eu acredite que os operadores tenham tomado todos os passos necessários para reduzir ou eliminar os perigos, bem, as coisas acontecem. Então, por causa disso, declaro aqui que não assumo responsabilidade alguma por tudo o que possa lhe ocorrer. Se você se ferir, for hospitalizado, ou tiver um filho que nunca planejou, você é o responsável, não Azizi Ali. Você já é gente grande, então não venha chorar para mim.

Este livro orientará você com relação às cinco chaves para se tornar um milionário extremo. Ele fornecerá explicações detalhadas, dará exemplos e relatos sobre algumas pessoas interessantes que já fizeram o que você quer fazer no futuro próximo.

Então, em essência, este livro é para as pessoas que já estão prontas para seguir comigo nessa jornada extrema. Este livro fala sobre prosperar, não sobreviver. Ele é sobre novas experiências, novas oportunidades, aventuras excitantes e momentos eletrizantes. É para aqueles que querem fazer coisas que nunca fizeram, ver coisas que nunca viram e ir aos lugares onde nunca estiveram. É sobre estender sua imaginação, sua força, sua mente e a si mesmo. É para aqueles que estão prontos para o maior passeio da vida.

> *Like a true nature's child, we were born to be wild. We'll climb so high and we're never going to die!* [Como verdadeiros filhos da natureza, nascemos para ser selvagens. Vamos subir bem alto e nunca vamos morrer!]

Senhoras e senhores, liguem os motores!

Capítulo I
Abertura

Em 1543, um livro chocou o mundo. Ele provocou muita raiva, ressentimento e descrença no mundo civilizado. Milhares culparam o autor e o acusaram de muitas coisas, inclusive de heresia.

Feliz ou infelizmente (depende do seu ponto de vista), o autor morreu poucas semanas depois da publicação do livro. Na verdade, ele recebeu um exemplar do livro em seu leito de morte. Assim sendo, nenhuma medida foi tomada contra ele.

O livro se intitula *De revolutionibus orbium coelestium*, e o nome do autor é Nicolau Copérnico. Quanto ao motivo de o livro ter causado sensação, é simples – Copérnico afirmava que a Terra e todos os outros planetas giravam ao redor do Sol, em oposição à ideia, aceita por muito tempo, de que o Sol, a Lua, as estrelas e todos os outros planetas giravam ao redor da Terra.

A Igreja Católica, que praticamente governava o mundo civilizado de então, foi abalada em suas próprias fundações. Deus havia feito o homem à sua imagem, o homem vivia na Terra, dessa forma, segue-se que tudo o mais no universo deveria girar ao redor da Terra.

Essa era a sabedoria convencional. Veja bem, não por um ano ou dois, mas por quase 1.500 anos! Além disso, o conceito tinha sido popularizado por ninguém menos que uma autoridade, o astrônomo grego Ptolomeu, no ano 150 a.C.

Por mais falho que fosse, esse conceito se sustentou por duas razões: primeiro, era fácil de entender e, segundo (o que é ainda mais sexy), fazia o homem se sentir importante como mestre do Universo.

O próprio Copérnico entendia a gravidade da situação. Então, apesar de tornar públicas algumas visões sobre o tema, ele não ousou publicar suas ideias. Ele sabia da tempestade que se abateria sobre ele se elas chegassem aos detentores do poder em Roma. A única razão de as ideias terem chegado à prensa de livros foi o fato de Copérnico ter sido incentivado a fazê-lo por um amigo.

No entanto, embora Copérnico tivesse morrido, a ideia de a Terra girar ao redor do Sol havia se firmado. O conceito foi chamado de sistema copernicano e logo ganhou muitos seguidores.

Cerca de sessenta anos depois, Galileu Galilei confirmou as teorias de Copérnico ao realizar descobertas maravilhosas com seus telescópios. Por infelicidade, apesar da passagem do tempo, a ideia ainda era demais para as massas e para o papa. Embora não estivesse em perfeitas condições de saúde, ao contrário de Copérnico, Galileu estava bem vivo. Foi julgado pela Inquisição em Roma, condenado por heresia e obrigado a renegar sua crença no sistema copernicano. Ele basicamente passou o resto de seus dias em prisão domiciliar, sob o olhar vigilante dos guardas da Inquisição.

Isso estava tão obviamente errado que o papa João Paulo II reverteu a decisão, admitindo que Galileu estava certo o tempo todo. Infelizmente, como isso foi feito em 1992, Galileu já estava morto havia 350 anos!

Hoje, sabemos que as coisas são diferentes – bem diferentes. Na verdade, nós riríamos se alguém mencionasse um conceito tão ridículo quanto o Sol girar ao redor da Terra. Mas não nos esqueçamos de que homens pagaram um preço muito, muito alto (alguns com sua liberdade, outros com a própria vida) por contestar esse conceito. Lembre-se de que a ideia ridícula se manteve por 1.500 anos – aceita por todos, incluindo estudiosos, gênios, padres, acadêmicos, reis e rainhas.

(Por sinal, o título latino do livro de Copérnico, *De revolutionibus orbium coelestium*, significa "Bitolados certinhos agarrados a ideias antigas". Brincadeira! Significa "Das revoluções das esferas celestes".)

Agora, nem você nem eu podemos mudar o que já foi feito. Não podemos emendar erros passados, especialmente quando foram cometidos por nossos antepassados. O que podemos fazer, no entanto, é manter a mente aberta. Algumas ideias podem ser fáceis de aceitar, outras podem fazer sentido à primeira vista, e algumas práticas podem ter durado anos, até gerações. Mas isso não significa, necessariamente, que as ideias, a sabedoria ou as práticas estejam certas. Elas podem estar no caminho errado – haja vista o conceito em que os homens acreditaram por 1.500 anos.

Ideias que inicialmente soam forçadas podem ser aquelas que farão com que seus sonhos se realizem. Ideias radicais podem ser aquelas que o levarão a suas metas e sonhos. Pensamentos revolucionários podem ser os que causarão um salto quântico em seus níveis de felicidade, saúde e riqueza.

Senhoras e senhores, a ideia radical hoje é ser um extremista.

Você está disposto a manter a mente aberta?

Vire a página.

Capítulo II

Equilíbrio é para os dóceis

Equilíbrio. Aí está uma palavra para a qual todos acenam com a cabeça. Todos – ricos, pobres, jovens, velhos, negros, pardos, brancos, altos, baixos, e no mundo todo – concordariam que equilíbrio é uma palavra mágica.

"Temos que lutar por equilíbrio", gritam os políticos. "O homem deve ter equilíbrio em sua vida", ecoam os líderes religiosos. "Todos devem levar uma vida equilibrada", diz ainda a cartilha dos gurus da saúde. "O equilíbrio é a chave da vida", escrevem autores de diferentes origens.

Em outras palavras, todos nós devemos comer moderadamente, vestir-nos moderadamente, trabalhar moderadamente, farrear moderadamente, dormir moderadamente, fazer exercícios moderadamente e, resumindo, viver moderadamente. A isso eu digo: "Que monte de papo furado!".

Gente, ninguém jamais realizou nada de significativo neste mundo sendo moderado. Qualquer um que já sacudiu o mundo conseguiu isso ao fazer alguma coisa extrema. Tiger Woods se tornou o mais jovem campeão mundial de golfe aos 21 anos. Mas ele não começou a jogar golfe aos 20; ele jogava desde os 3 anos de idade. Isso não é moderado, isso é extremo. Gêngis Khan não conquistou metade do mundo sendo moderado; ele massacrou todos os que se puseram em seu caminho.

O mesmo fez Alexandre, o Grande. (Alexandre não foi chamado de Grande por ser moderado.) Essas pessoas fizeram algo extremo, por isso é que elas se tornaram lendas. O profeta Maomé não era equilibrado; ele era extremo em sua visão de um único Deus, quando todos rezavam para ídolos. Jesus não era equilibrado; ele era extremo em sua visão do perdão, mesmo quando os soldados romanos o colocavam na cruz. (Darei mais exemplos de extremistas neste livro, à medida que formos prosseguindo.)

Em outras palavras, equilíbrio é para o pessoal mediano. Equilíbrio é para os dóceis. Se você quer ter um trabalho mediano, uma casa mediana, uma vida mediana e ser parte do plano de fundo, então faça tudo moderadamente. Um pouco disso e um pouco daquilo. Misture-se à turma dos equilibrados, não ponha a cabeça para fora, e nunca, nunca seja diferente do resto. Eu lhe garanto que você será equilibrado. E mediano.

Mas, se quiser ser vencedor (em qualquer coisa), você tem de ser extremista. Se quiser realizar algo significativo na vida, você tem de ser extremista. Para viver verdadeiramente a vida, você não pode ser equilibrado, você tem de fazer as coisas em um grau extremo. Para ser campeão mundial em qualquer esporte ou em qualquer coisa, você tem de praticar extremamente. Para construir uma riqueza de verdade, você tem de ir até o fim. Você não pode fazer as coisas com meio espírito, meia medida, ou pela metade. Você tem de ligar a potência máxima e ir até o fim.

Uma pequena olhada na história

Durante algum tempo, como a maioria das pessoas, eu também supunha que tudo tinha sido igual desde tempos imemoriais.

Claro, houve invenções e avanços tecnológicos, mas as pessoas tinham pensado mais ou menos os mesmos pensamentos que seus antepassados. Como eu estava errado!

Quanto mais eu estudava história, mais eu aprendia que o homem havia mudado significativamente desde seus antepassados. E não só no sentido físico, mas, o mais importante, em seu pensamento.

Hoje, a ideia de se aprimorar é simplesmente um dado. Espera-se que você faça tudo o que puder para melhorar sua situação na vida. Mas você ficaria surpreso se eu lhe dissesse que essa é uma ideia nova?

Há milhares de anos, a humanidade tem feito coisas para a comunidade. Você trabalhava duro, sim, não para avançar, mas para manter seu lugar na vida e, portanto, na sociedade. Se seu avô era um fazendeiro, você e seus filhos passariam a vida nas fazendas. Se, em vez disso, eles fossem ferreiros, era isso que você e seus filhos iriam fazer. Era assim com os gregos, romanos, árabes e egípcios antigos, e até com a maioria das civilizações orientais. Então, o conceito de "se aprimorar" ou "avançar" era tão alienígena quanto, bem, quanto um ser vindo de outro planeta. As pessoas olhariam para você com descrença se aventasse pensamentos tão radicais.

Embora tocar um negócio fosse algo tão antigo quanto a humanidade, fazer isso por lucro, ganho e progresso pessoal era um meio seguro de ficar marcado como discípulo do diabo. Você seria enxotado da comunidade às pressas. Atuar como banco, cobrar juros e emprestar dinheiro eram atividades praticamente proibidas, e as pessoas só as praticavam por trás de cortinas sombrias. Mesmo na Idade Média, a Igreja ensinava que nenhum cristão que se prezasse deveria ser mercador, porque mercadores eram uma praga para a sociedade.

Somente no final dos anos 1700 as visões começaram a mudar. Isso foi desencadeado pela publicação de *A riqueza das nações*, do economista escocês Adam Smith, em 1776. (Se o ano soa estranhamente familiar, saiba que é o ano em que a América ganhou independência dos britânicos.) O mundo se abriu para os negócios, os mercados brotaram e o comércio entre as nações tornou-se ativo. Mercadores começaram a ganhar dinheiro, muito dinheiro, enquanto os banqueiros saíram do armário para nos emprestar dinheiro e nos cobrar juros.

Hoje o mundo gira em torno do dinheiro. A atividade bancária é um fenômeno mundial, e os banqueiros são membros estimados da sociedade. Poucos abririam um negócio sem ter o lucro como motivo que os move. Na verdade, empresários extremamente bem-sucedidos são tratados como celebridades, astros do rock e líderes mundiais. Basta olhar para Bill Gates. Ele é tratado como um líder mundial em todos os lugares aonde vai. Até presidentes e primeiros-ministros querem se encontrar com ele. Tudo o que o sujeito faz é vender software (aos zilhões)!

Apesar dos cintilantes sinais e pistas que provam o contrário (como os anteriormente mencionados), muita gente ainda está apregoando os benefícios de ser equilibrado. Mesmo com milhares de pessoas sacudindo o mundo ao ser extremas, muita gente se atém ao equilíbrio. Tanto que, se mencionar que é um extremista, a maioria das pessoas ficará olhando boquiaberta para você. Alguns pensariam que você ficou maluco, enquanto outros já teriam saído de perto, correndo em direção à porta ao ouvir a terrível palavra. E você seria tachado de lunático ou coisa pior.

O problema da definição

O problema com a palavra "extremo" é que ela está sendo definida e usada principalmente no sentido negativo. Um extremista é alguém maluco, pirado, perigoso e, sim, alguém que deve ser temido. A imagem mais óbvia (e errada), nos dias de hoje, é a do extremista muçulmano. Se há algo que mete medo nos corações ocidentais é o extremista muçulmano, mostrado como um sujeito que não se importa em explodir a si mesmo.

A realidade é que os sujeitos que estão se explodindo estão fazendo isso por vingança, por ódio, por raiva e por milhares de outras razões, mas certamente não pelo Islã. O Islã não determina que seus verdadeiros fiéis explodam a si mesmos e aos outros.

Mas, é claro, é um ataque por conveniência. É muito mais fácil jogar a culpa de tudo nos extremistas. Em vez de tentar encontrar os motivos pelos quais jovens estão se explodindo, eles empurram tudo para o lado com uma palavra: extremista. Limpo, rápido e conveniente.

O que é uma tragédia, em mais de um sentido.

Não deseje que seja mais fácil, deseje que você seja melhor.
Não deseje menos problemas, deseje mais habilidades.
Não deseje um desafio menor, deseje mais sabedoria. (Jim Rohn)

Uma breve história do voo

No período inicial do transporte aéreo, as autoridades descobriram que muitos dos acidentes de aviões eram causados por falhas de projeto ou mecânicas. Isso não surpreende, considerando que a indústria estava nos estágios iniciais. E, com o tempo, todos esses problemas foram rapidamente encarados e corrigidos. Os investigadores, porém, logo descobriram outra principal causa de acidentes: os próprios pilotos. Um acidente atribuído a um erro cometido pelo piloto era chamado de "falha do piloto" e o caso estava encerrado. Talvez, na época, se pensasse que "falha do piloto" fosse falha humana, e, portanto, inevitável. Então, assim que as palavras "falha do piloto" apareciam, o caso era encerrado.

Trabalho fácil para as autoridades, investigadores, empresas aéreas, gerenciamento, controle de tráfego aéreo e as próprias equipes de voo. Rotule como "falha do piloto", caso encerrado, e podemos todos voltar para nossa existência diária. Embora isso facilitasse as coisas, não resolvia o problema.

Demorou alguns anos até que alguém percebesse que talvez a gente devesse examinar mais a "falha do piloto". Pela primeira vez, perguntas começaram a ser feitas: o que levou o piloto a falhar? Ele estava tendo problemas pessoais? Estava cansado? Ou estava com problemas financeiros? E, o mais importante de tudo: o que podemos fazer para reduzir e eliminar as falhas do piloto? Daí em diante, o conceito todo mudou.

No momento em que a indústria da aviação começou a tratar disso, o número de acidentes, quase acidentes e incidentes caiu novamente.

Como resultado, hoje, voar é um dos meios de transporte mais seguros, se não o mais seguro do mundo.

Da mesma forma, um resultado semelhante surgiria se começássemos a usar a palavra "extremo" como o que ela realmente é, em vez de amontoá-la com todas as coisas negativas deste planeta. Em vez de pensar nela como algo ruim, mau e negativo, poderíamos remarcá-la como algo positivo que ela é. Poderíamos usá-la para nos impulsionar a alturas maiores e, daí, levar vidas extraordinárias.

Quando o extremo é a única solução

Como mencionado no início deste livro, a definição de extremo é "longe do usual ou convencional" ou "um grau excessivo; imoderado". Isso significa que o extremo não precisa ser negativo. Na verdade, como você pode ver, não há conotação negativa nenhuma na definição.

Em outras palavras, extremo pode ser extremamente positivo!

Agora, alguns podem ficar surpresos, mas, apesar do eco unânime pelo mundo afora por moderação, há áreas em que você *quer* que as coisas sejam levadas ao extremo.

"Como assim, Azizi?"

Bem, você gostaria que seus filhos fossem verdadeiros apenas moderadamente? Você quereria ter algo a ver com gente moderadamente honesta? Você gostaria de estar na mesa de cirurgia de um cirurgião moderadamente bem-sucedido? Você gostaria que os controladores de tráfego aéreo fossem apenas moderados ao fazer o trabalho deles?

Na última pergunta, um sucesso de 99,9% ainda significaria um acidente aéreo com perda catastrófica de vidas todos os dias. Por exemplo, o Aeroporto Internacional O'Hare, em Chicago, um dos mais movimentados do mundo, controlou 881.560 movimentos de aviões só em 2008. Um índice de erro de 0,1% ainda resultaria em 881 acidentes por ano, ou 2,4 acidentes por dia! Você ficaria feliz com isso? Lembre-se de que é um índice de erro de 0,1%, o que é bem acima do que a maioria das pessoas chamaria de moderação. A resposta óbvia é não. Você quer que todos na indústria da aviação – controladores de tráfego aéreo, pilotos, engenheiros, todos – mantenham um índice de sucesso de 100%. O tempo todo.

Então, a resposta a todas as perguntas anteriores é "não". Você não quer moderação em nenhuma das situações apontadas.

Você quer que sejam extremas. Você quer que seus filhos digam a verdade o tempo todo, não em parte do tempo, e não com moderação. Você quer fazer negócio com pessoas que sejam justas e honestas o tempo todo, não parte do tempo. Você quer que os cirurgiões sejam bem-sucedidos em todas as suas operações, e certamente quer um índice de 100% de sucesso no controle do tráfego aéreo. Só o extremo conta, e não há outra resposta aceitável.

Assim, embora a moderação seja uma boa forma de viver a vida, não leve a moderação a um extremo! Em outras palavras, você tem de ser um extremista em algumas áreas, preferivelmente as que fazem mais diferença na sua vida – sendo felicidade, saúde, riqueza e família apenas quatro delas.

A boa notícia é que, se ainda está lendo estas páginas, você já está a meio caminho de se tornar um extremista!

Capítulo III
Libere sua mente

David é um garoto que mora no mesmo condomínio que eu. Alguns anos atrás, seu pai havia providenciado aulas de natação para ele. Como o instrutor só viria se houvesse um grupo de dez crianças, o pai me ligou para perguntar se minhas filhas iriam querer entrar no grupo. Era uma coisa boa, por isso eu disse sim. Acabamos conseguindo mais de dez meninos e meninas para as aulas começarem.

Nos estágios iniciais, David estava muito entusiasmado. Sempre rindo, saltando e se jogando na piscina. No entanto, logo ficou claro que os outros alunos estavam se saindo muito melhor que ele. Alguns já conseguiam nadar no meio da piscina, enquanto David ainda se segurava na borda. Ele perdeu interesse, bem depressa, e nós o víamos cada vez menos nas aulas.

Na última vez em que o vi em uma aula de natação, ele estava simplesmente parado ao lado da piscina.

"Por que não está nadando?", perguntei ao menino.

"Machuquei o dedo", ele respondeu, e mostrou o polegar. Havia um corte, mas era minúsculo. Nem um bebê teria se incomodado com aquilo. Mas era tudo de que ele precisava. Era uma desculpa para não entrar na piscina e, portanto, uma desculpa para não fazer má figura.

Mas David tinha outra boa desculpa – ele só tinha 7 anos.

Hoje, há homens de 70 anos dando desculpas ainda mais esfarrapadas para o fato de estarem quebrados, afogados em dívidas ou na cadeia. Eles dão todo tipo de desculpa para não entrar no jogo da vida. Um pensamento principal lampeja em seus olhos e no fundo de suas mentes: se não tentarem, nunca farão má figura. Se não tentarem, nunca poderão falhar, sem perceber que, se não entrarem na piscina, nunca vão conseguir nadar – ponto.

Vejamos algumas dessas desculpas esfarrapadas que homens de 20, 30, 40, 50, 60 e 70 anos dão. Eles afirmam que não conseguem enriquecer porque:

- não nasceram na família certa
- não nasceram no estado certo
- não frequentaram a escola certa
- não têm a qualificação certa
- não estão no emprego certo
- não conhecem as pessoas certas
- não têm dinheiro suficiente
- são muito jovens
- são muito velhos
- não têm uma aparência boa o suficiente
- não têm talento suficiente
- não têm sorte suficiente

Essas podem ser boas razões para uma pessoa não ser rica. E conheço muitas pessoas que correm a dar essas razões. Mas a realidade é que os mesmos argumentos podem impulsionar você a ficar rico. Em vez de usá-los como desculpa, você pode usá-los para impulsioná-lo a ser tudo o que você pode.

Com poucas exceções, muitos dos milionários e bilionários de hoje poderiam escolher qualquer uma (ou algumas) das desculpas anteriores para explicar por que não são ricos. Mas não, eles não fizeram isso. Pelo contrário, tornaram-se milionários exatamente por causa das razões anteriores.

O falecido Tan Sri Lim Goh Tong, fundador da Genting, tinha praticamente todos os pontos citados contra ele. Na verdade, Tan tinha mais um: não falava inglês. (Isso seria um enorme empecilho para a maioria das pessoas. Tanto que elas não teriam iniciado nada, nem uma barraca de hambúrgueres, quanto mais um cassino. Mas Tan Sri Lim disse que não saber inglês era o menor de seus problemas.) Quando ele abriu a Genting, tinha quase 50 anos de idade, a idade em que a maioria das pessoas estaria pensando na aposentadoria! Ele estava disposto a arriscar tudo, todo o dinheiro que tinha, a reputação e até a saúde, para seguir seus sonhos. Trinta anos depois, ele estava no topo do mundo em vários sentidos.

E se você acha que 50 anos é muito velho para assumir riscos desnecessários, veja só esta: quando decidiu entrar no ramo de cruzeiros, ele tinha 75 anos! Dez anos depois, em 2003, a Star Cruises havia crescido até se tornar a terceira maior linha de cruzeiros do mundo, e continua a ser a única linha de cruzeiros na região da Ásia e do Pacífico.

Um amigo meu, Spencer, também tinha uma razão extra. Ele só concluiu o ensino médio. Pior, ele trabalhava em uma empresa de publicidade como diretor de arte, quando mal sabia traçar uma linha reta! Mas os sonhos que queimam não param por nenhuma desculpa. Assim, hoje, Spencer é semiaposentado aos 50 anos, decamilionário. Ele passa os dias construindo novas empresas, fazendo trabalho de caridade e ajudando os outros (inclusive a mim) a criar um mundo melhor.

Agora, embora não conheça Spencer pessoalmente, você talvez já tenha ouvido o nome SpencerAzizul Advertising, a maior empresa de publicidade da Malásia. Ele é o Spencer da SpencerAzizul.

Em outras palavras, os pontos mencionados podem ser tanto razões quanto desculpas. Você escolhe.

Livre-se de associações negativas com o dinheiro

Para realmente começar sua jornada rumo a um amanhã melhor e mais brilhante, tenho de lhe pedir que faça algo: livre-se de todas as associações negativas com dinheiro. Associações negativas com dinheiro são excesso de bagagem - são pesadas, caras e totalmente desnecessárias. E, assim como o excesso de bagagem no avião, elas vão lhe custar caro. Só que, diferentemente do excesso de bagagem no avião, esse fardo lhe custará muito mais do que apenas dinheiro - custará tempo, esforço, saúde e sonhos partidos, entre outras coisas.

Livrar-se de pensamentos negativos sobre dinheiro não é mera semântica, porque é real. E crítico.

Nossa mente é a coisa mais poderosa do planeta. Ela pode construir uma ponte que atravessa o Estreito de Malaca*.

Infelizmente, sua mente também pode construir paredes tão altas quanto o Burj Khalifa**. E quando se tem de escalar uma parede tão alta, a maioria das pessoas nem sequer tenta. Assim, elas são derrotadas antes mesmo de tentar. Pior, são derrotadas pela própria mente, não por algum inimigo.

---

* N. do T. Passagem marítima entre os oceanos Índico e Pacífico, situada entre a ilha de Sumatra e a Malásia.

** N. do T. Prédio mais alto do mundo, situado em Dubai, nos Emirados Árabes Unidos.

Deixe-me partilhar com você o que Graeme Souness, ex--empresário do clube de futebol inglês Blackburn Rovers, tinha a dizer sobre um de seus jogadores, que já foi uma das maiores estrelas do futebol inglês. "Sua vida social havia tomado o controle do lado profissional", afirmou Souness. "Infelizmente, embora o sujeito talvez não entenda hoje, um dia ele terá 40 anos, e vai ficar infeliz consigo mesmo por não ter dado tudo o que deveria. Uma vez que esse tempo passa, ele passa para sempre, e, palavra da experiência, a melhor época da vida de qualquer jogador é quando está jogando. Ele vai se arrepender um dia e vai ter de viver com isso."

Leia as palavras a seguir com atenção, porque elas revelam a diferença entre as estrelas e aqueles que simplesmente concorreram. A diferença entre ganhar milhões e ganhar uma ninharia.

"É frustrante, porque quando fazemos testes de condicionamento físico nele, o atleta está lá em cima, entre os melhores. Mas, infelizmente, não há teste que se possa fazer em sua cabeça, para deixá-lo totalmente focado."

Em outras palavras, embora o jogador estivesse em sua melhor forma – habilidade, velocidade e carisma –, ele estava jogando tudo isso fora porque sua mente não estava mais no jogo. E, uma vez que a mente não está mais no alvo, o resto já não importa mais.

Quando eu era pequeno, costumava imaginar monstros embaixo da cama. Eu percebia que era minha imaginação que estava me pregando peças já naquela época. Mas, apesar disso, o medo era tão real que eu não ousava colocar o pé para fora da cama até o dia estar bem claro. Para mim, os monstros eram reais.

Mas, assim como o David, eu só tinha 7 anos.

Hoje, milhões de adultos têm medos piores relativos a dinheiro em suas mentes. E, como eles acreditam nos medos, criaram monstros em suas mentes. Monstros tão reais que eles não ousam dar nenhum passo para ganhar mais dinheiro.

A realidade é que o dinheiro não existe em um vácuo; nós o associamos a muitas coisas. Infelizmente, muitas delas são negativas: vigaristas, escroques, ganância, corrupção e outras criaturas da noite. Para começar, Hollywood ajudou a forjar a percepção negativa - os vilões dos filmes sempre são ricos, multimilionários ou reis. Os heróis sempre são os pobres que roubam dos ricos para dar a outros pobres.

Além disso, até as palavras que usamos para nos referir a dinheiro são negativas: "Aquele homem é podre de rico!" ou "uma quantidade obscena de dinheiro". Então, não admira que muita gente associe o dinheiro a coisas ruins.

Agora, embora possamos falar sobre ganhar dinheiro, investimentos, tornar-se milionário e tudo o mais, enquanto você associar o dinheiro a coisas negativas, tudo permanecerá como sonho. Um sonho fugidio, sobre o qual nem Tom Jones gostaria de cantar a respeito.

Gente demais está sendo atrapalhada pela própria mente. Essas pessoas estão presas em armadilhas; aprisionadas por mitos, falsas expectativas ou mentiras descaradas sobre dinheiro. Algumas dessas correntes são criadas pela sociedade, pelos mais velhos, por líderes, grupos religiosos e pessoas com interesses específicos. Seja qual for a fonte, a ideia de que o dinheiro é errado, ruim ou simplesmente maligno atrapalha milhões de pessoas, fazendo com que sofram em vidas pequeninas e miseráveis.

Vamos conferir algumas dessas correntes que estão segurando nossos irmãos e irmãs.

Ricos são escroques

Em meu primeiro livro, escrevi a respeito de cinco grupos de HCR (Homens Contra a Riqueza). Basicamente, os HCRs associam o dinheiro a pensamentos negativos, e, por conta disso, nunca ficam ricos. A vida para eles é uma luta constante para encontrar dinheiro suficiente para sobreviver até o próximo mês. E um desses grupos de HCRs acredita que todos os ricos são escroques.

A partir do momento em que você acredita que todos os ricos são escroques, o mais provável é que você nunca ficará rico. Na verdade, você não vai tornar a si mesmo rico, porque, se o fizer, você tornaria a si mesmo escroque! E isso é um grande "nem pensar" para qualquer um.

Eu sei por que algumas pessoas acreditam que os ricos têm de ser escroques. Para um homem que ganha $ 1.000 por mês, ganhar $ 100.000 por mês está além de sua compreensão. Sua mente só consegue absorver $ 1.000 por mês. Ora, ele é honesto, trabalhador, bom pai, bom marido, bom vizinho e um membro estimado da comunidade. Ele de fato é tudo isso e só está ganhando $ 1.000 por mês. Assim, ele não entende como alguém pode ganhar legalmente $ 10.000 por mês, quanto mais $ 100.000 por mês. Em sua mente, qualquer um que ganhe tanto dinheiro só pode estar fazendo algo ilegal.

O que ele não consegue perceber é que está ganhando $ 1.000 porque está fazendo coisas que valem $ 1.000 no mercado. Ora, embora ser um bom pai ou um bom vizinho seja bom e importante, não é o que o mercado quer.

Isso não é muito diferente de esperar ter bíceps enormes quando o único exercício que você faz são agachamentos. Sim, você pode estar malhando, mas está trabalhando o músculo errado, em se tratando de bíceps. Você pode treinar sete dias por semana, mas nunca desenvolverá os bíceps que tanto deseja, porque, em primeiro lugar, não está fazendo o que é preciso para desenvolvê-los.

Voltando ao nosso homem: o mercado lhe paga o que ele vale para o mercado, e nem um centavo a mais. E enquanto ele continuar fazendo o que está fazendo, continuará ganhando $ 1.000 por mês. Só isso e nada mais. Ele pode viver até os mil anos, mas isso é tudo o que ele ganhará por mês.

Portanto, é óbvio que a única forma de ele passar a ganhar mais dinheiro é fazer coisas diferentes (no que se refere ao mercado). A mesma coisa que traz $ 1.000 por mês não vai atrair $ 10.000, e certamente não $ 100.000 por mês.

Na verdade, muitas vezes, tudo o que uma pessoa precisa fazer para ganhar mais dinheiro é mudar de empregador. Frequentemente, um empregado que ganha $ 1.000 poderia ganhar $ 2.000 por mês apenas mudando de empregador. É só o que ele precisaria fazer.

E se ele se equipar com mais habilidades, conhecimento e perícia, pode ganhar ainda mais que isso. Talvez ele possa, sim, ganhar $ 10.000 por mês dentro de alguns anos.

Ele pode saltar para altos patamares entrando em vendas. (Chegaremos a isso no capítulo a seguir.)

Em outras palavras, as pessoas que ganham $ 100.000 por mês estão fazendo as coisas que atraem esse tanto de dinheiro no mercado. Elas não precisam estar fazendo nada ilegal ou imoral. Tudo o que elas têm a fazer é realizar as coisas que trazem essa quantia de dinheiro – normalmente, vendas. E temos de lembrar que as pessoas que ganham $ 100.000 por mês geralmente também são inteligentes, honestas, bons pais, bons maridos, bons vizinhos e membros estimados da comunidade.

Ricos são gananciosos

Se você acredita que todos os ricos são gananciosos, é óbvio que não entrará tão cedo para o Clube dos Milionários. Porque, no caso improvável de você ganhar dinheiro, você teria entrado para o Clube do Tio Patinhas. E isso, novamente, é outra coisa que nenhum ser vivo deseja.

Acredite se quiser, já houve um grupo de pessoas que conseguiu convencer milhões de outras de que ricos, especuladores e, aliás, qualquer um que sussurrasse "dinheiro" eram malvados. Elas conseguiram colocar em milhões de cabeças a ideia de que o dinheiro é a criação mais desprezível do mundo. Na verdade, se pudessem, elas teriam nos dito que quem falasse em dinheiro estava possuído pelo diabo. A razão pela qual elas não podiam dizer isso é que elas não acreditavam em Deus e em religião. Chamamos essas pessoas de comunistas.

O dinheiro não é importante

Outra desculpa comum é a de que o dinheiro não é importante. "Há coisas mais importantes do que dinheiro", alguns logo se apressam em proclamar.

Não tenho como não concordar. Eu serei o primeiro a admitir que há coisas muito mais importantes do que o dinheiro - sendo felicidade, saúde e família apenas três delas.

Ao mesmo tempo, também gritarei dos montes mais altos que o dinheiro é extremamente importante. Para começar, eu uso dinheiro para abrigar minha família, para vesti-la, alimentá-la, educá-la. Sem dinheiro, eu não serei capaz de fazer essas coisas. (Aliás, ninguém tampouco seria capaz.)

"Ah, sim, mas é uma questão de prioridades", retrucam os críticos.

Tudo bem. "E qual é a principal prioridade?"

"Saúde", vem a resposta. "A saúde é a coisa mais importante na vida. Você pode ter todo o dinheiro do mundo, mas, se não for saudável, ele de nada adianta."

Novamente, esse é um argumento justo, por isso, aceno com a cabeça concordando.

Entretanto, descobri que *todas* as pessoas que afirmam que a saúde é a coisa mais importante na vida não fazem nada para reforçar suas palavras. Elas dizem que a saúde é importante, mas eu as vejo fumando. Dizem que a saúde é importante, mas comem como um cavalo. Elas não cuidam da dieta, não se exercitam, e nada do que fazem promove um estilo de vida saudável. Em outras palavras, elas só dizem que a saúde é importante, mas fazem tudo o que podem para morrer o mais rápido possível.

Trabalho é uma palavra de oito letras

Eu também descobri que o trabalho é uma palavra de oito letras para muitas pessoas. É algo que elas têm de fazer para poder fazer algo de que gostam mais tarde. É algo que elas têm de suportar para continuar vivendo. É por isso que elas levam vidas pequeninas e miseráveis. Se você faz algo de que não gosta durante oito horas por dia, cinco dias por semana, por 30 ou 40 anos, é óbvio que vai viver uma vida miserável.

Esse pessoal é o mesmo que diz coisas do tipo: "Olha só aquele sujeito rico. Ele já tem tanto dinheiro. Por que ainda está trabalhando?".

Ora, eu entendo a razão pela qual dizem essas coisas; é porque estão igualando trabalho a algo de que não gostam. Obviamente, quando você não gosta de fazer algo, assim que puder se dar ao luxo de não fazer, você vai parar de fazer, seja lá o que for! Na verdade, você mal pode esperar para parar, tanto que até sonha com isso noite e dia.

Entretanto, esse pessoal não percebe que muita gente está fazendo algo de que gosta. Muitas pessoas estão fazendo coisas que realmente apreciam. Se você gosta de fazer algo, vai continuar a fazê-lo. O dinheiro, mesmo estando na equação, não é a razão primária de fazer esse algo. A razão primária é porque você aprecia fazer o que faz.

E essa, senhoras e senhores, é a razão de os milionários ainda trabalharem, embora tenham dinheiro saindo pelas orelhas. Eles não estão fazendo isso pelo dinheiro *per se*. Eles sabem que já têm o suficiente. Sabem que só podem dormir em uma cama e ficar em uma casa por vez. *Eles sabem*; você não precisa lembrá-los. Eles continuam a trabalhar por uma razão muito simples: eles gostam de fazer o que estão fazendo. A ganância não tem nada a ver com isso.

E, como eles gostam do que fazem, costumam ser muito bons nisso. Consequentemente, como são bons nisso, tendem a ganhar dinheiro.

Então, é por isso que eles fazem. Não é pelo dinheiro *per se*. Para eles, o dinheiro é só uma forma de constatar que são bons no que estão fazendo. A ganância não tem nada a ver com isso.

Se você os impedisse de fazer o que estão fazendo, seria como se alguém impedisse você de fazer o que gosta. Isso está certo? Você aceitaria? Você gostaria se alguém o impedisse de jogar seu jogo preferido? Você gostaria se alguém o impedisse de pegar o microfone, caso gostasse de cantar? Certamente não é a resposta. Eu gosto de escrever. Eu escrevia quando meus bolsos estavam vazios. Estou escrevendo agora, e vou continuar a escrever, mesmo com o dinheiro saindo pelas minhas orelhas. Ter toneladas de dinheiro não é uma boa razão para eu parar de fazer o que gosto, que é escrever. E me impedir de escrever não é muito diferente de me pedir para parar de respirar.

A necessidade de pertencer

O homem é uma criatura social. Parte da razão de termos sobrevivido e prosperado é que apoiamos uns aos outros. Infelizmente, a mesma razão também explica por que muitos de nós levam vidas medíocres. Temos muito medo de nos aventurar sozinhos ou de fazer as coisas de forma diferente.

"O que a sociedade vai pensar de mim? O que meus colegas vão dizer?"

No fundo de nossas mentes, temos medo de perder seu aceno de aprovação. Claro, podemos dizer que não damos a mínima para o que os outros vão dizer e fazer, mas, lá no fundo, nós ligamos. Queremos ser um dos rapazes e queremos ser aceitos em seus clubes. Indo mais fundo: embora não nos machuquemos com o que os outros dizem, nós nos preocupamos com o que nossos pares dizem. Arquitetos podem aceitar muita bobagem do resto de nós, mas não de outros arquitetos. Médicos podem aceitar críticas de qualquer um, menos de outros médicos. Quando seus pares ferem você, as feridas vão fundo.

Só os ignorantes e os verdadeiramente fortes podem suportar tais ataques.

Infelizmente, de novo, uma das coisas que um homem pode fazer para com certeza se destacar da multidão é começar a falar de dinheiro. Essa é uma diferenciação instantânea, porque, para o restante da multidão, dinheiro é tabu e assunto pessoal. "Não devemos falar de dinheiro em público. É tão indelicado." Na verdade, um dos tabus em muitas culturas é perguntar a outra pessoa quanto ela ganha por mês. Qualquer um que faça isso é rapidamente rotulado de bárbaro bitolado em dinheiro, será rapidamente repelido e lhe dirão para olhar os modos.

Então, por causa disso, muitas pessoas evitam totalmente falar de dinheiro. Elas preferem não arriscar, com medo de serem acusadas de ser ogros do dinheiro. Afinal, quem quer ser rotulado como a típica *material girl*? Além disso, ao não levantar o assunto, elas não pisam nos calos de ninguém, não ofendem ninguém e, o mais importante, continuam sendo da turma. Junte-se a isso a falta de conhecimento das pessoas sobre o assunto, e não falar em dinheiro torna-se uma consequência natural. Se você não fala sobre o dinheiro, as pessoas não sabem que você não sabe.

A equação da religião

Uma discussão sobre dinheiro não ficará completa sem religião. Então, não, eu não vou me esconder. Vamos falar sobre religião e dinheiro.

Acho difícil acreditar que Deus nos desencorajaria de adquirir riqueza, quando é uma das ferramentas mais importantes já criadas. É minha fé mais profunda que Deus deseja que dominemos o dinheiro e nossas finanças pessoais. Porque, uma vez com essa habilidade nas mãos, seríamos capazes de fazer muito mais para criar um mundo melhor. Podemos passar mais tempo em buscas religiosas, ajudar a construir mesquitas, igrejas, templos e bibliotecas, ajudar os pobres e os oprimidos, criar empregos e ajudar a liderar o caminho para um amanhã melhor.

Infelizmente, muitas pessoas não pensam assim. Elas acreditam que a religião e o dinheiro não se misturam, e se apressarão a lembrá-lo das palavras de Jesus no Novo Testamento:

> *"É mais fácil um camelo passar pelo buraco de uma agulha do que um rico entrar no reino dos céus."* (Mateus 19:24)

Essa afirmação, como muitas outras, foi retirada de contexto e mal interpretada ao longo do caminho. Como Paul Zane Pilzer escreveu em seu livro *God wants you to be rich* [*Deus quer que você seja rico*, em tradução livre], Jesus não queria dizer que era errado ser rico. Ele usava essas palavras para explicar as obrigações mais elevadas esperadas daqueles que haviam atingido sucesso econômico. Para que cheguem ao paraíso, espera-se dos que são financeiramente livres que ajudem os outros que não são tão bem-sucedidos.

No mundo islâmico, abundam mal-entendidos semelhantes a respeito da riqueza. Na verdade, os conceitos de negócio e de abundância (riqueza) estão intimamente relacionados no Islã. Por exemplo, há 69 referências diretas à abundância de Alá somente no Alcorão! Entre os versos, estão:

> *...Alá promete*
> *a você o Seu perdão*
> *e abundâncias...*
> (Al-Bacara 2:268)

> *Que Ele recompense aqueles*
> *Que acreditam e operam boas*
> *Ações, com Sua abundância.*
> (Al-Rum 30:45)

Em seu livro *Islam and wealth* [*O Islã e a riqueza*, em tradução livre], Nik Mohamed Affandi escreveu: "...todos os muçulmanos, incluindo funcionários religiosos, têm permissão, e são até encorajados a adquirir riqueza, estando sujeitos a três condições principais:

1. A riqueza deve ser acumulada de forma absolutamente honesta.
2. A riqueza deve ser administrada de forma altamente responsável, para beneficiar não apenas seu dono e família, mas a comunidade como um todo.
3. Que a riqueza não distraia, de maneira alguma, os muçulmanos de sua forte fé em Alá".

O autor prossegue: "A percepção geral, portanto, de que o Islã desencoraja a riqueza é totalmente errada". Eu concordo plenamente. Se você fizer as três coisas mencionadas acima, não vejo como Deus ou qualquer pessoa, ou qualquer coisa, o culparia por adquirir bens e ficar rico.

Praticamente, as únicas pessoas que não têm pensamentos negativos e concepções erradas sobre o dinheiro são os judeus. Para eles, a riqueza deve ser celebrada e glorificada. "Você só é tão rico quanto a quantia que é capaz de dar", diz uma frase do Talmud. E como você só pode dar muito se tiver muito, os judeus fazem tudo o que podem para acumular riqueza. E como eles não têm receios com relação à riqueza e ao dinheiro, estão seguindo pela autoestrada a caminho da riqueza.

Há um provérbio judaico que diz: "Aquele que paga tem a palavra". Isso explica parcialmente por que, apesar de serem em pequeno número (apenas 13 milhões de judeus em seis bilhões e meio de almas no planeta), eles são uma força muito poderosa, já que controlam grande parte da riqueza. Outro provérbio judaico popular resume tudo: "Com dinheiro no bolso, você é sábio e bonito, e também canta bem".

Se me permite resumir aqui: não é errado, ilegal nem imoral acumular riqueza. A riqueza é uma coisa boa. Mas, como tudo o mais, ela vem com uma responsabilidade – você tem de usá-la para coisas boas: abrigar e alimentar sua família, aprimorar seu negócio, ajudar os outros e construir um mundo melhor para todos.

Se você acredita em um Deus justo, como eu, você saberá que Ele ama a todos nós igualmente. Ele ama os pobres, os ricos, os doentes, os saudáveis, os desafortunados, os abastados, os oprimidos, os fortes, os fracos, os vencedores e os derrotados igualmente. Igualmente. Ele ama você da mesma forma quando não tem um centavo em seu nome. Ele o ama igualmente quando você está em seu Porsche 911, passeando por Honolulu. Essa é toda a verdade. Ninguém pode negar essas palavras.

Sendo assim, como Ele nos ama a todos igualmente, o dinheiro não deve estar na equação de modo algum.

Acredite em um mundo de abundância

Uma das coisas que impedem muitas pessoas de construir riqueza é a noção do conceito de escassez. Muitas pessoas (centenas de milhões) acreditam que tudo neste mundo é escasso. Tudo é um jogo de soma zero para elas. Portanto, só se pode ganhar se a outra parte perder. Ou, em termos mais diretos, o dinheiro que você ganha vem diretamente dos bolsos de outra pessoa.

Essa noção de escassez tem levado a muita dor, sofrimento e perda de vida de proporções inimagináveis. É óbvio; quando você sabe que há pouco de algo, especialmente quando esse algo é de grande valor, você fará tudo o que puder para pôr as mãos nisso. Se possível, por meios justos. Do contrário, obterá isso mentindo, trapaceando e, talvez, até matando. Infelizmente, é exatamente isso que a outra parte também fará.

Felizmente, o homem médio não vai recorrer a um comportamento tão brutal. Em vez disso, ele apenas se contentará. Não vai lutar por mais, já que mais significa menos para outra pessoa. Ele não construirá riqueza, pois isso significa que ele estará tirando dinheiro de outra pessoa.

É óbvio que essas pessoas medianas nunca vão ser ricas. Como elas podem ser ricas quando há um Everest bloqueando seu caminho?

Dcixc-mc aprcscntar uma situação teórica bem tenebrosa. Suponhamos que todas as músicas que poderiam ser compostas no mundo já tivessem sido compostas. Não importa qual acorde alguém toque, não importa qual som, não importa qual instrumento, é uma música que já existe. Em outras palavras, nunca poderá haver uma música nova. Percebo que isso é o inferno, mas continue o jogo, só por diversão. (E, para torná-lo mais realista, desligue o rádio no fundo.)

Em primeiro lugar, todo mundo tentaria rever o passado, passando por cima uns dos outros, para reclamar direitos sobre as músicas existentes. Cada fulano, cicrano e beltrano afirmaria ter tido alguma participação na criação da música. Alguns mentiriam, trapaceariam e, sim, matariam pelo privilégio de ser chamados de compositores.

Para o resto de nós, a vida seria muito chata. (Pensando bem, quando ouvimos algumas das "músicas" de hoje, talvez uma proibição total de todas as músicas novas não fosse uma ideia tão ruim!)

Felizmente, uma situação assim nunca surgiria. Se conheço o pessoal da indústria musical, eles vão inventar músicas novas. Sua criatividade vai garantir que eles inventem músicas novas. (Prince, o ex-Artista-Sem-Nome, supostamente tem, sozinho, uma coleção de mais de 400 músicas!) E a criatividade não é o próprio sobrenome da música? Mesmo que eles não consigam inventar nenhuma música original, sempre podem regravar músicas antigas e dar-lhes um som mais fresco. Sim, muitas das músicas soarão chatas para nós, mas pode ter certeza de que haverá algumas que vão sacudir o nosso mundo.

Voltando à nossa história principal (e sem piadas com o rap): todo o conceito de economia baseia-se nesta mesma teoria - a distribuição eficiente de recursos escassos. E, por muito tempo, eu, como muitos outros, aceitei isso como sendo a verdade. Toda a verdade, e nada mais que a verdade.

Felizmente, um belo amanhecer despontou em meu mundo e eu vi o outro lado. E é o oposto exato dessa teoria da escassez. Realmente, tudo no mundo é qualquer coisa, menos escasso. Bem, alguns recursos físicos podem ser escassos, mas o que nós temos é algo melhor - nosso cérebro. Enquanto tivermos isso, compensaremos todo tipo de escassez e mais um pouco. A engenhosidade do homem sempre encontrou um caminho e nos tirou das noites mais escuras. A tecnologia tem respondido a muitas das questões de escassez.

Por exemplo, havia 30 milhões de fazendeiros nos Estados Unidos fornecendo alimentos para uma população de 100 milhões em 1930. Em 1980, a população havia saltado para 300 milhões. Alguém pensaria que o número de fazendeiros aumentaria significativamente para fornecer todo esse alimento. Em vez disso, o número caiu. Não em 10% ou 20%, mas caiu para apenas

3 milhões! E, ao olharmos para o número de americanos obesos, podemos dizer que os 3 milhões de fazendeiros têm feito um trabalho maravilhoso!

Ora, como pode uma queda de 90% sustentar um número crescente de bocas? A engenhosidade do homem e a tecnologia são as respostas.

Posso citar mais exemplos como esses, mas, como isto não é uma palestra de economia, pularei essa parte e seguirei para os pontos mais interessantes. (Aos que se interessarem em uma explicação mais aprofundada sobre o assunto, recomendo ler o livro de Paul Zane Pilzer, *God wants you to be rich* [*Deus quer que você seja rico*, em tradução livre] e *Investment biker* [*Motociclista dos investimentos*, em tradução livre], de Jim Rogers.)

Assim, se você, como eu, começar a acreditar em um mundo de abundância, o conceito todo se modifica. E ele modifica todo o cenário radicalmente.

Se você sabe que há o suficiente para todos, não vai passar por cima dos outros para obter a sua parte. Se você sabe que há muito para todos, não trapaceará, mentirá nem roubará. Você jogará conforme as regras. Ajudará seus irmãos. Ficará feliz em compartilhar.

E, gente, *há o suficiente para todos.*

Se há uma coisa que nunca se tornará escassa neste mundo é o dinheiro. Há toneladas e toneladas de dinheiro no mundo. Todos os dias, novas riquezas estão sendo criadas. Todos os dias, há novos milionários sendo coroados.

E, assim como na educação, você pode obter todo o dinheiro que quiser. Há o suficiente para todos, e há muito para todos.

Pague o preço e pegue sua parte.

Ricos e ovelhas brancas

Tendo lido todos esses pensamentos venenosos sobre o dinheiro, tenho de admitir que eles também rondavam minha mente. Durante muito tempo, eu acreditei que os ricos eram vigaristas, gananciosos e que eram discípulos dos demônios. Eu acreditava nos mitos porque os escutei durante vinte anos – meu não-tão-rico pai foi quem os contou a mim. E quando ouve algo por vinte anos, você acredita. Não estou culpando meu pai nem nenhuma outra pessoa que disse essas palavras. Eles podem ter suas razões. Talvez os poucos ricos que eles encontraram fossem realmente vigaristas. Ou uma "razão" mais provável é explicar a falta de dinheiro em suas carteiras.

Naturalmente, com muros tão altos em minha mente, eu não tinha uma imagem muito boa do dinheiro. Eu sabia que era importante, que pagava as contas e colocava os alimentos na mesa, mas não era tudo. Não, senhor, eu não iria deixar o dinheiro governar minha vida. Eu buscaria outras coisas mais importantes. O único problema é que nunca descobri o que eram essas coisas mais importantes naquela época.

No entanto, o cenário principiou a mudar quando comecei a trabalhar. Descobri que muitas coisas não eram o que haviam pintado.

Conheci algumas pessoas ricas, e, para a minha surpresa, descobri que não eram vigaristas, de maneira alguma. Elas eram felizes (os ricos deveriam ser infelizes), suas famílias eram felizes e equilibradas (filhos de ricos deveriam lutar uns contra os outros pela herança), eram pessoas polidas e de boas maneiras (os ricos não deveriam ter receio de tomar as posses dos outros), faziam o que diziam (os ricos só deveriam dizer mentiras), tinham muitos bons amigos (os ricos não deveriam ter amigos próximos) e, lamento admitir, eram honestas.

Inicialmente, pensei que havia encontrado os poucos que são bons – as ovelhas brancas da família, por assim dizer.

Mas, à medida que eu conhecia cada vez mais ricos, eu descobria que eles tinham as mesmas qualidades redentoras do grupo inicial. "Ei, como é que continuo encontrando somente os ricos bons? Como estou encontrando apenas as ovelhas brancas? Onde estão todas as ovelhas negras?", eu me perguntava.

Levei muito tempo, mas finalmente me ocorreu que talvez papai e todos os outros estivessem errados. Talvez eles tivessem entendido ao contrário. Que talvez a maioria dos ricos fosse boa, decente e honesta, e não vigarista, como eles sempre foram descritos.

Hoje eu não me admiro mais, eu sei que essa é a verdade.

Agora, isso não quer dizer que todos os ricos sejam todos iguais; há sempre um "mas" em toda frase, e há sempre uma exceção à regra, mas, em sua maioria, os ricos são cidadãos honestos e seguidores da lei.

Bem, na verdade eles têm de ser. Eles têm de ser tudo isso e mais para construir riqueza.

O dinheiro é uma ferramenta

A verdade é que o dinheiro é apenas uma ferramenta. Para começar, como a maioria das ferramentas, como um martelo, uma cadeira, um carro e até um computador, ele não pensa por si mesmo. Ele não tem cérebro, nem vida, nem alma. Ele não pode forçá-lo a fazer algo que você não quer. Você decide o que quer fazer com ele. Você pode usar o dinheiro para coisas boas – abrigar sua família, alimentá-la, vesti-la, colocar suas crianças na escola, construir uma biblioteca, alimentar os pobres, descobrir uma cura para o câncer ou ajudar os sem-teto. Por outro lado, você pode usar o mesmo dinheiro para fazer coisas muito ruins, incluindo tirar uma vida.

Depois, o dinheiro é amoral. Isso significa que o dinheiro não tem moral alguma; não é bom nem mau, nem moral, nem imoral. Então, por causa disso, um pobre não é espiritualmente bom nem mau. Da mesma forma, o fato de ser rico não torna um homem espiritualmente pobre, ruim ou mau. Nós decidimos quem queremos ser. A forma como usamos o dinheiro revelará quem realmente somos. A maneira como gastamos o dinheiro mostrará quem realmente somos por dentro.

O dinheiro é também um amplificador. Ele amplifica tudo o que você é. Se você é bom quando tem pouco dinheiro, se tornará melhor quando tiver muito dinheiro. Se você é um babaca quando não tem dinheiro, vai ser um babaca maior ainda quando tiver muito dinheiro. Se você diz mentiras quando não tem dinheiro, dirá mentiras do tamanho de Godzilla quando tiver muito dinheiro.

Além disso, ao contrário do que você pode ter ouvido ou lido antes, o dinheiro não resolve seus problemas. O que ele faz é mudar seus problemas. Quando você não tem dinheiro, este é o seu problema: "Onde vou arranjar dinheiro para alimentar meus filhos?". Quando você tem dinheiro, este é o seu problema: "De que cor deve ser o meu Mercedes?". Isso também é um problema, mas agora você pode escolher.

Quanto a mim, eu sei qual problema eu preferiria ter: o segundo!

Liberte sua mente

Em outras palavras, sua missão agora é libertar sua mente de todos os pensamentos negativos sobre dinheiro. Sua missão é banir todas as ideias venenosas sobre dinheiro. E, uma vez que sua mente tenha sido libertada desses pensamentos malignos, como a natureza odeia o vácuo, você pode substituí-los por bons pensamentos.

Que tal "dinheiro é bom" ou "dinheiro é fabuloso"?

Ou "eu uso o dinheiro para realizar meus sonhos, para fazer o bem que desejo, para ajudar os outros e para construir um mundo melhor para os outros".

Embora isso possa soar brega para alguns, não é melhor do que pensar que todos os ricos são vigaristas? Não é mais energizante do que pensar que todo mundo está querendo prejudicá-lo? Não é melhor do que subsistir em um mundo carente de tudo? Então isso não é libertação?

Para recapitular, estas são as mensagens deste capítulo:

1. Acredite em um mundo de abundância.
2. Ninguém tem de perder para você ganhar.
3. Não há problema algum em ser rico.
4. Deus quer que você seja rico.
5. Você merece ser rico e feliz.

Uma vez que sua mente se libertou desses mitos, correntes e prisões, você perceberá que agora é livre. Livre para fazer as coisas que quer fazer, livre para perseguir seus próprios sonhos, livre para viver a vida da maneira que quiser viver.

"Liberte sua mente e o resto virá", diz a letra de uma canção popular. O "resto" inclui dinheiro também. Então, liberte sua mente, e o dinheiro virá!

Irmãos e irmãs, vocês foram libertados dos maus pensamentos sobre dinheiro.

Capítulo IV
Seja um extremista

Membros do júri, eu gostaria de expor, neste capítulo, minha argumentação de por que vocês têm de ser extremistas para conquistar qualquer coisa que valha a pena. Ora, embora eu possa declarar os benefícios de viver ao extremo, não há nada que se compare a citar extremistas da vida real. Então, eu gostaria de compartilhar com vocês algumas histórias incríveis de pessoas extraordinárias.

Então, puxe uma cadeira, tire o telefone do gancho e prepare-se para um dos maiores passeios da sua vida. Seja extremista, porque a vida é muito curta para ser ordinária.

Jahangir Khan

Mesmo em um mundo de campeões, algumas estrelas sobressaem.

Quando Jahangir Khan venceu Geoff Hunt no Mundial Aberto de 1981, foi o começo da maior trajetória invicta não apenas no *squash*, mas nos esportes. Por mais de 500 partidas e mais de cinco anos, Jahangir ficou invicto.

Caso você não tenha entendido bem, Jahangir não foi apenas campeão mundial; ele nunca perdeu uma partida durante cinco anos! Você leu certo, ele nunca perdeu uma partida por cinco anos. Isso é como se Michael Schumacher tivesse vencido todas as corridas de F1 por cinco anos, ou o Arsenal vencer a Liga Inglesa de Futebol por cinco temporadas consecutivas, sem perder uma partida! Os placares 9-7, 9-1 e 9-0 tornaram-se uma marca registrada. A maioria dos jogadores podia ser herói por um match; daí o placar apertado no primeiro match. Mas, por volta dos 40 minutos, algo acontecia - eles se cansavam. Sem energia, o desejo de terminar o jogo (e, portanto, a tortura) se tornava mais importante do que vencer o jogo. O resultado final era o óbvio - a mão de Jahangir era erguida na vitória. Novamente.

O segredo do sucesso de Jahangir não era segredo algum; ele era simplesmente o melhor jogador. Embora pudesse facilmente derrotar vencedores, ele preferia esgotar seus oponentes. Ficava sempre mandando a bola para os cantos de trás, e mantinha um ritmo furioso que logo atropelava seus oponentes e os reduzia a pálidas sombras de si mesmos. No final do jogo, eles estavam reduzidos a uma poça de suor na quadra. Aí, já eram.

Eu me lembro de ler um artigo de jornal a seu respeito quando ele veio a Kuala Lumpur no começo dos anos 1980.

"Jahangir, você não só é o campeão mundial de squash, mas também está invicto por cinco anos. Como conseguiu?", perguntou-lhe o entrevistador.

"Eu treino muito duro. Acordo às cinco da manhã para rezar e depois começo o treino. Meu dia típico começaria com uma corrida de 10 quilômetros, seguida por tiros de 400 metros, muitos sprints na quadra e treinos com raquete. Eu cuido da dieta. Não fumo. Não bebo, não saio para farrear e vou dormir às oito da noite. E faço isso todos os dias."

Eu me lembro de pensar comigo: "Rapaz, isso é extremo demais!".

Dennis Conner

No mundo da vela, um nome sobressai – Dennis Conner. Dennis também é conhecido como "Senhor Copa América" por seu envolvimento controvertido e de longa data no troféu mais cobiçado pelos velejadores.

Entre suas muitas conquistas, Dennis liderou oito campanhas da Copa América, incluindo vitórias em 1974, 1980, 1987 e 1988. Ele também é bicampeão do Campeonato Mundial de Etchells, bicampeão do Campeonato Mundial Star, e foi selecionado Iatista do Ano dos Estados Unidos quatro vezes.

O pai de Dennis era pescador e ele cresceu perto do iate clube de San Diego. Portanto, velejar estava em seu sangue. Junte-se a isso um desejo incandescente de vencer e temos uma mistura letal.

"Eu não era o sujeito mais inteligente, nem o mais bonito, e ficava no banco nos jogos de beisebol. A única coisa que eu sabia fazer melhor do que qualquer um era velejar. Eu gostava das recompensas que eu tinha fazendo algo melhor do que os outros. E quanto mais recompensas eu ganhava, mais eu flutuava em direção àquilo."

Sua fórmula de sucesso era simples: descubra aquilo em que você é bom, comprometa-se e dedique-se àquilo e torne-se ótimo.

"Acho que se resume a atitude, e é difícil ter um desempenho no nível máximo de sua capacidade se você não se compromete com isso. Se você quer ser o melhor pai e o melhor líder comunitário, como pode ser o melhor jogador de golfe do mundo, se o melhor jogador de golfe está lá no campo jogando todos os dias? E é isso que a maioria das pessoas é, elas estão em algum ponto intermediário. Há muito poucas pessoas que realmente sabem o que é um esforço total em uma coisa."

Eu me lembro de ler um artigo a seu respeito quando ele estava reunindo a equipe para reconquistar a Copa América que havia perdido para uma equipe australiana em 1983. Dennis era claro sobre quem ele queria. A pessoa que quisesse entrar para a equipe tinha de ser totalmente comprometida com a causa. Cem por cento e nada menos. Nada de desculpas, e nada de se entregar. Isso significa que o sujeito teria de treinar muito duro todos os dias por três anos. Nada de farra, nada de fumar ou beber. Mesmo que alguém da família morresse, a pessoa não teria uma licença para ir ao funeral.

Pensei comigo outra vez: "Nossa, que extremista!".

Mas ele trouxe a Copa de volta para a América em 1987, quando seu barco *Stars and Stripes* venceu o *Kookaburra III*, o barco australiano, em Fremantle, Austrália.

Hijjas Kasturi

Na Malásia, há um nome que se projeta bem acima do resto quando o assunto é arquitetura: Hijjas Kasturi.

Seus projetos incluem a sede da Comissão de Valores Mobiliários, o Menara Lion, o Centro de Convenções Putrajaya, o edifício Tabung Haji, o Complexo Lot 10 Shopping, o Hotel Nikko em Kuala Lumpur e a sede da Telekom. Estes estão entre os mais grandiosos e espetaculares edifícios em todo o país. Eles são tão extraordinários que até pessoas incapazes de soletrar a palavra "arquitetura", quanto mais de saber o que significa, ficam paradas admirando a beleza.

Ele também ganhou inúmeros prêmios. Isso inclui o Prêmio ASEAN, o 12º Prêmio de Criação de Tóquio e o Prêmio de Excelência PAM 2002. Ele também recebeu a Medalha de Ouro PAM 2001 do Instituto Malásio de Arquitetura por suas notáveis contribuições à arquitetura da Malásia, à sua cultura e à construção da nação.

Li um artigo interessante sobre Hijjas. Perguntaram-lhe sobre seu início na arquitetura.

"Eu faço isso há 35 anos. Nos anos 1950, muito poucas pessoas tinham orientação de carreira. Não sabíamos nada sobre arquitetura. Eu estudei artes, e adoro construção, e quanto mais tempo eu passo lendo a respeito e descobrindo a respeito, mais eu me apego. Desde então, não houve mais nada."

Essas declarações chamam a próxima e óbvia pergunta: "Como você relaxa?".

Sua resposta? "Eu penso em arquitetura, durmo arquitetura, como arquitetura. Está no meu sangue. Quando você se afina dessa maneira, não é um trabalho estressante."

Que extremista!

Seja um extremista

Em outras palavras, equilíbrio é para o pessoal mediano. Equilíbrio é para pessoas que querem ser medianas e continuar medianas. Elas fazem um pouco disso e um pouco daquilo. Elas trabalham um pouco, rezam um pouco, jogam um pouco e farreiam um pouco.

É por isso que elas continuam pequenas e não chegam a lugar nenhum. É por isso também que nunca ouvimos falar delas.

Então, para fazer grandes conquistas na vida, você tem de ser um extremista. Isso significa que você tem de fazer mais do que os outros estão dispostos a fazer, tem de fazer sacrifícios e tem de pagar o preço. E tem de fazer tudo isso de forma constante, um dia sim, o outro também, uma semana sim, a outra também, durante anos sem parar. Não há outro modo de compreender isso, não há outra resposta, nem plano B.

Em minha pesquisa para este livro, li numerosas biografias de campeões mundiais em diferentes esportes. Isso abrange futebol, tênis, golfe, corrida a pé, corrida de carro e iatismo. Não foi surpresa para mim descobrir que nenhum deles, isso mesmo, *nenhum* deles era equilibrado. Todos eram extremistas em seus esforços, disciplina, tempo e, sim, até dinheiro. Nenhum deles se tornou campeão mundial praticando de vez em quando, ou quando estava a fim de praticar. Eles praticavam dia e noite, no calor e no frio, e especialmente quando não estavam a fim de praticar. Muitos deles começaram a jogar quando crianças e praticavam continuamente à medida que iam crescendo. E praticavam ainda mais duramente quando já eram campeões.

Jahangir Khan disse: "Muitos querem ser campeões mundiais, mas não estão dispostos a fazer as coisas necessárias para se tornar um campeão mundial. Fumar, beber e farrear impedem que muitos sejam campeões mundiais em qualquer coisa".

Então, se você quer ser um campeão do mundo em alguma coisa, tem de estar preparado para fazer todas as coisas necessárias para ser um campeão mundial. Aprenda, treine, pratique. Aprenda, treine e pratique todos os dias. Cortar caminho irá cortar sua busca.

Tentar ser equilibrado só vai desencaminhar seus planos.

Minha história

Claro que eu não fui sempre um extremista. Como quase todo mundo, eu também sofria da miopia do equilíbrio. Na casa dos 20, eu fazia o que gente equilibrada fazia - um pouco disso e um pouco daquilo. Eu fazia tudo com moderação. Eu era, se me permite dizer, um modelo de moderação.

O único problema era que eu não estava conquistando nada. No máximo, eu era infeliz, quebrado, e apenas mais um rosto na multidão.

Mas eu amava ler. Então, combinando isso com um desejo ardente de fazer algo que valesse a pena com minha vida, eu comecei a estudar sobre dinheiro e finanças pessoais. Lentamente, de início, mas com mais intensidade em tempos recentes. Assim, até hoje, já li mais de 800 livros apenas sobre questões de dinheiro. Na verdade, eu leio qualquer livro que tenha as palavras dinheiro, finanças, milionário, bilionário, John D. Rockefeller, George Soros e Warren Buffett. Alguns dos livros eu li e reli mais de cem vezes cada. Eu leio milhares de revistas, artigos, periódicos e páginas da web sobre questões de dinheiro.

Conhecimento não é poder

Sim, eu já li mais de 800 livros. Mais importante, eu pratico o que leio. Se encontro uma boa ideia em algum dos livros, pode ter certeza de que vou experimentá-la. Se ela funcionar e trouxer os resultados que desejo, eu adoto a ideia e transformo num hábito permanente. Na verdade, o Azizi atual é, em grande medida, o resultado das ideias desses 800 livros.

Ao contrário do que você tem ouvido há muito tempo, conhecimento não é poder. *Aplicação do conhecimento é poder.* Você pode ler 800 livros, mas, se não aplicar as ideias, é como se nunca tivesse lido livro nenhum. Tudo o que acontece é que você se torna uma enciclopédia ambulante – você sabe muito, mas não se beneficia do conhecimento.

Em outras palavras, embora ler seja importante, o mais crítico é aplicar o conhecimento. Isso é poder.

Eu também prestei exames (e passei) em fundos de investimento, seguro de vida e até comércio de ações. Além disso, completei um programa de Consultoria Financeira Reconhecida para garantir a parte de educação e qualificação formais.

Eu observava, pesquisava e fazia perguntas sobre dinheiro. Eu aprendi com pessoas que são melhores que eu, profissionais, acadêmicos, empresários e, sim, milionários.

Mesmo agora, passo a maior parte de meu tempo fazendo todas as coisas que citei novamente, todos os dias, para eu me tornar ainda melhor.

Como resultado, sou capaz de falar não apenas até a noite, mas até a noite do dia seguinte, quando o assunto é dinheiro!

O mais importante é que eu não apenas falo de dinheiro. Eu vivo dinheiro, eu respiro dinheiro e até sonho – em vez de enxergar carneirinhos pulando a cerca, vejo dinheiro pulando a cerca.

Como ser um extremista

"Está bem, já estou convencido. Mas o que eu faço para me tornar um extremista?". A pergunta ecoa no ar.

Ora, veja só: acontece que este é o seu dia de sorte, para você que realmente acredita. Estou aqui para abrilhantar seus dias e iluminar suas noites.

Ser um extremista significa que você tem de ir até o fim, você tem de alargar os limites, tem de alcançar a fronteira mais externa e levá-la mais além. Sem meias tentativas, meias medidas, nem meio nada. Aqui não há plano B.

Primeiramente, não fique apenas na superfície da água, como a maioria das pessoas. O conhecimento delas em um assunto específico é apenas em nível superficial. Como elas sabem muito pouco, fazem muito pouco e, portanto, conquistam pouco. Então, não fique na superfície. Você precisa ir fundo e, depois, mais fundo. Se seus contemporâneos leem dois livros por ano, você lê dois livros por semana. Se eles fazem 10 perguntas, você faz 100 perguntas. Se fizer isso, como poderá não saber mais do que a maioria deles? Como poderá não ser melhor que a maioria deles?

Descubra tudo o que todos os demais já sabem e comece de onde eles pararam. (Thomas Alva Edison)

O próximo passo é fazer mais do que os outros estão dispostos a fazer. Se eles trabalham oito horas por dia, você trabalha 11 horas por dia. Se eles treinam quatro horas por dia, cinco dias por semana, você treina seis horas por dia, seis dias por semana. Novamente, você não tem como não deixar o grosso da multidão comendo a sua poeira se fizer isso.

David Beckham - que parou de jogar em 2013 - continua destaque do mundo do futebol e também está fazendo um sucesso de marketing fenomenal. O mundo inteiro conhece seu nome. Ele é, sem dúvida, um jogador extraordinário. Ele venceu seis campeonatos da Premier League, duas medalhas da Copa da Inglaterra, uma medalha de Vencedor da Eurocopa, e foi eleito Jovem Jogador do Ano da PFA enquanto jogava no Manchester United. A imagem dele cobrando faltas por cima de barreiras é tão familiar que foi transformada em logotipo.

Ora, embora Beckham fosse um jogador extraordinário, ele não foi abençoado com habilidades naturais ou um ritmo eletrizante, como alguns de seus contemporâneos. Tudo o que ele conquistou em campo foi fruto de trabalho duro e pura dedicação. (O sucesso comercial é fruto de engenhosidade.) Mesmo com pouca idade, ele passava horas praticando e treinando. Junto com seu pai, Beckham treinava no parque local até tarde da noite. Ele trabalhava, trabalhava e trabalhava em seu jogo, e é garantido que ele sempre deu 100% de esforço. Como resultado, tanto fãs quanto céticos concordam que foram sua dedicação e seu trabalho duro que fizeram a diferença.

Seu empresário no Manchester United, Sir Alex Ferguson, tinha isto a dizer: "David Beckham é o melhor atacante da Grã-Bretanha, não por um talento dado por Deus, mas porque ele pratica com incansável dedicação... a prática pode não levar você à perfeição, mas definitivamente o tornará melhor".

O que ele e o resto estão tentando dizer é que Beckham era um extremista quando se tratava de futebol.

Em outras palavras, fazendo mais, você conquista mais.

Sou o primeiro a admitir que, apesar de ter ficado na classe A em toda a minha vida escolar, não foi por ser inteligente. Foi porque eu estava disposto a me esforçar nos estudos muito mais do que os outros sujeitos. Muitos de meus colegas de classe na escola eram muito mais inteligentes que eu. Porém, não muitos deles estavam dispostos a se esforçar tanto quanto eu.

Você pode facilmente ficar entre os 5% melhores em *qualquer* campo. A verdade é que você pode superar em esforço 80% de seus pares, e em esperteza (aplicando seus conhecimentos, criatividade e know-how) os outros 15%. Isso o deixa na companhia dos 5% melhores, em que, por acaso, o dinheiro é ganho. É lá que você quer estar, e lá é o seu lugar.

A terceira coisa é desenvolver intensidade. (Na verdade, ao fazer as duas primeiras coisas, você será intenso.) A intensidade é o pulo do gato – o "Nossa!", o "Uau!". É o espírito de luta que deixará você firme diante de gigantescos Golias, fará com que você enfrente o frio amargo e reaja com vida mesmo quando o coração já parou de bombear sangue. Quando você tem intensidade, você conquista muito mais. Seu sumo de criatividade fluirá, e você fará mais porque pode fazer mais.

Ao mesmo tempo, não quer dizer que você tenha de pular dentro dela imediatamente. Ser um extremista não significa que você tenha de largar a 150 quilômetros por hora. Comece devagar no início. Comece relendo velhos manuais de alguns anos atrás, para se lembrar do básico. Em outras palavras, você começa entendendo bem o básico. Depois, começa a ler alguns livros novos sobre um tema específico. Mais tarde, quando já está no ritmo, começa a aumentar o número de livros. Em pouco tempo, você se pegará lendo 100 livros sobre o tema.

É a sua nova vida. A mesma coisa se aplica ao treinamento. Não salte do zero para quatro horas por dia. Sim, você pode tentar fazer isso, mas, depois de uma semana, seu corpo simplesmente desabará de dor. O conceito todo chocará sua existência inteira. Você desistirá. O que você quer fazer é começar, e depois ir se encaixando ao aumentar a intensidade e a frequência. Depois de algum tempo – que pode ser de algumas semanas a alguns meses –, será tão normal quanto respirar. Essa nova existência torna-se você.

O resultado aparecerá quando você alcançar esse ponto.

A maneira do extremista

Agora que esclareci o "como", deixe-me lançar o desafio. Há cinco passos que você precisa dar para seguir a maneira do extremista:

1. Identifique o que você quer fazer ou conquistar.
2. Identifique os passos extremos necessários para chegar lá.
3. Passe para a ação.
4. Cheque os resultados.
5. Faça melhoramentos contínuos até chegar lá.

Ora, não é tão difícil, é?

Por exemplo, suponhamos que você queira se tornar um cantor. É isso que você deseja, esse é o seu sonho, e é para fazer isso que você nasceu. Supondo que você tenha a voz, vejamos alguns dos fatores críticos que você precisa observar para ser um cantor bem-sucedido:

- ter aulas de canto
- praticar
- aprender a tocar algum instrumento musical
- praticar
- aprender a ler música
- praticar
- aprender com cantores bem-sucedidos
- praticar
- misturar-se com produtores musicais bem-sucedidos
- praticar
- compor suas próprias músicas
- praticar
- melhorar sua aparência
- praticar
- manter um bom relacionamento com a imprensa
- praticar
- contratar um bom empresário

À medida que seguir pela estrada, você descobrirá que alguns dos passos anteriores o levarão para mais perto de sua meta, enquanto outros o desviarão, ou até o empurrarão para trás. O próximo passo agora é fazer mais das coisas que o levam em direção à meta e parar de fazer as coisas que o tiram da meta. Continue repetindo esse processo e, um dia, você se pegará ganhando o Grammy.

Se você fizer o que foi dito, não há como não se tornar uma estrela. E sua estrela não brilhará apenas por uma noite, ela ficará por perto para sempre. Afinal, sua intenção não é ser um fenômeno de uma noite ou uma estrela cadente, você quer iluminar o céu por muito tempo. Você não quer ser conhecido por apenas uma música, ou um álbum, mas por todos os álbuns.

Claro, para fazer o que foi dito anteriormente, você terá de fazer sacrifícios. Terá de abrir mão de muitas festas e compromissos, terá de diminuir o tempo fofocando sobre outras pessoas, terá de passar menos tempo com a turma, terá de assistir menos TV, terá de cuidar de sua dieta e terá de renunciar a algumas oportunidades. Você pode ter de desembolsar dinheiro para pagar aulas de canto, treinos de dança e melhorias de imagem. Você certamente passará muito tempo praticando, talvez três a quatro horas por dia, todos os dias.

Se você não está disposto a fazer isso, então a resposta é que seu desejo de ser uma estrela não é ardente o suficiente. Você não quer realmente ser uma estrela. Não é para fazer isso que você nasceu.

No meu caso, além de fazer todas as coisas a que já me referi, há outros sacrifícios que também tenho de fazer. Eu perco muitas festas e reuniões, assisto muito pouco à TV, quase nunca leio nada que não esteja relacionado a questões de dinheiro, não pratico esportes coletivos (faço caminhadas para me exercitar) e, talvez a coisa mais importante de todas, eu aceitei o fato de que não terei algumas habilidades.

Deixe-me elaborar melhor essas últimas palavras. Como tive de passar muito tempo em meu ofício de dinheiro, isso significou que tive muito pouco tempo para aprender ou fazer outras coisas. Por exemplo, diferentemente de muitos homens, sou inútil em matéria de carpintaria, manutenção de carro ou tarefas domésticas.

Não sei falar sobre essas coisas, e nem me meto para não passar vergonha. Por isso, não falo sobre elas.

Quando surge uma situação em que preciso lidar com alguma dessas três coisas, eu chamo um especialista. No caso de o carro enguiçar, nem me dou ao trabalho de tentar um reparo. Pego o telefone e ligo logo para o mecânico. Claro, eu já minimizo as chances de isso acontecer, comprando apenas carros novos e cuidando bem de sua manutenção.

Se há tarefas não usuais na casa, como uma torneira vazando, uma janela frouxa, eu chamo o sujeito que faz esses trabalhos e deixo que ele resolva o problema.

Não estou dizendo que essas tarefas são degradantes. Elas são importantes. No entanto, eu percebo que meu conhecimento e habilidades para dar conta delas são de nível superficial ou simplesmente inexistente. Por que gastar tempo e esforços fazendo isso? Por que fazer algo em que você não é bom?

Bem, os críticos certamente vão pular e gritar: "Você não está fazendo sua parte no trabalho doméstico. Tenho pena de sua esposa. Seu negócio é dar de ombros".

Em primeiro lugar, meu negócio é vender soluções financeiras.

Depois, por que escutar os críticos? Você já conheceu algum crítico feliz e rico? Você já soube de alguma estátua erguida para um crítico?

Por fim, minha mulher entende a situação perfeitamente. Embora ajudar lavando a louça possa dar a aparência de que estou dividindo a carga de trabalho e que, portanto, sou um marido amoroso, ela sabe que, na verdade, estou perdendo meu tempo ao fazer isso. Eu faria muito melhor aperfeiçoando meu ofício e ganhando mais dinheiro para poder contratar outras pessoas para fazer o trabalho, para que *ambos* não precisem lavar *nenhum* prato. Esse é o meu jeito de mostrar à minha esposa que ela é extremamente importante para mim.

Você consegue imaginar o presidente levando uma bronca por não ser o marido perfeito porque não lava os pratos ou não conserta a janela quebrada? Embora eu não tenha dúvida de que ele seja capaz de fazer as duas coisas facilmente, não seria melhor se ele passasse o tempo administrando o país? Não seria mais produtivo se ele passasse o tempo melhorando a economia?

Em outras palavras, você tem de aceitar a situação de que não terá algumas habilidades não essenciais. Como já disse Dennis Conner, você não pode esperar ser o melhor pai, o melhor líder comunitário e ser um campeão mundial de golfe ao mesmo tempo. Algumas coisas têm de ficar de lado.

Quanto ao que são essas coisas, você tem de decidir por si mesmo.

No meu caso, eu preferiria passar a maior parte do meu tempo aprendendo a ser feliz, a ser saudável e a me tornar uma máquina de fazer dinheiro em vez de reparar algum equipamento quebrado.

Então esse é o preço que eu tive de pagar. Mas paguei com alegria.

Não tente ser tudo para todos

A maioria das pessoas, em sua busca por equilíbrio, tenta fazer tudo. Elas querem ser perfeitas e, assim, partem em uma busca na tentativa de ser tudo para todos. Elas querem ser CEOs, então trabalham duro. Daí, querem ser maridos perfeitos e pais perfeitos, então começam a passar mais tempo com a família. Daí, ouvem falar em dinheiro graúdo em vendas diretas, então tentam fazer isso também. E daí, querem ser campeões de golfe também, então começam a passar horas no campo de golfe. Como você está vendo, isso só pode acabar em catástrofe. O mais provável é que tudo vá pelos ares numa enorme explosão, e essas pessoas vão acabar sem nada nas quatro áreas. Os quatro objetivos requerem esforços conflitantes, cada um puxando para longe do outro. Tentar ser todos os quatro seria pura maluquice. E, como você sabe, tentando ser tudo para todos, você acaba não sendo nada para ninguém.

É muito melhor decidir por uma coisa e focar esse objetivo. Concentre seus esforços nessa coisa. Então veja tudo criar vida.

Se você escolher ser o melhor marido e pai, vai ter de abrir mão dos outros três objetivos. Não estou dizendo que você não será CEO, mas são grandes as chances de perder isso. Você provavelmente não ganhará dinheiro graúdo com vendas diretas, nem chegará tão cedo ao circuito do golfe profissional. Mas isso é aceitável - sua principal busca é ser o melhor marido e pai. Essa é a coisa mais importante para você.

Ao mesmo tempo, não estou sugerindo que você tenha de sacrificar sua família se decidir partir para o posto de CEO. Longe disso. Mas a realidade é que seus filhos vão deixar de passar tempo com você. Claro que eles vão crescer e se tornar adultos brilhantes, inteligentes e bem-sucedidos. Claro que vão ser felizes e saudáveis. Mas nada pode substituir o tempo que você não passou com eles.

Novamente, quando isso acontecer, você deve entender, e seus filhos devem entender.

Esse é o preço que todos nós temos de pagar por nossos sonhos.

Não fique no meio da estrada

Para ir mais longe, quando você chegar a uma bifurcação no caminho, decida qual estrada tomar. Não fique simplesmente ali para ver o que vai acontecer. Não espere o Príncipe Encantado chegar montado num cavalo branco, ou um sinal aparecer no céu e lhe mostrar a direção certa. Você ficará esperando para sempre.

Tome a decisão, escolha a estrada e siga com seus sonhos.

Eu sei que a maioria das pessoas não quer decidir - elas têm medo de tomar a decisão errada. Têm medo de que a decisão perturbe o *status quo*, seja ele qual for.

Primeiramente, deixe-me partilhar com você o que significa *status quo*. Embora o significado real seja "o estado em que estamos" em latim, o que ele geralmente representa é "a bagunça em que estamos"! Você nunca vai ouvir os bambambãs - Bill Gates, Jeff Bezos, Richard Branson, Ted Turner, Oprah Winfrey e o resto do pessoal que progride - citando o *status quo*. Na verdade, tenho o palpite de que ele nunca foi citado pelo Profeta Maomé, Jesus, Buda, Gêngis Khan ou Alexandre, o Grande. Em outras palavras, o *status* só é sussurrado por velhos cansados que se agarram a glórias passadas. É nessa companhia que você quer estar?

Em seguida, não tomar uma decisão também já é, por si só, uma decisão. Você tomou uma decisão de não melhorar, e, portanto, de piorar. Na vida, só há um caminho a seguir - para a frente. É assim que nós crescemos, nos tornando cada vez melhores. Então, se você não está indo para a frente, significa que está indo para trás. E, se você está indo para trás, isso também significa que já está morto. Morto? Sim, morto. Você está morto porque somente coisas vivas crescem, coisas mortas não crescem. Então, embora você possa estar respirando, em todos os sentidos e para todos os fins, está morto. Colocá-lo a sete palmos debaixo da terra é apenas a oficialização.

Por fim, e daí se a decisão que você tomou estiver errada? Você pode tomar outra decisão mais tarde para corrigir a situação. Você pode mudar de ideia mais tarde. E você tem o direito de mudar de ideia, você sabe. Não há lei contra isso.

A realidade é que poucas decisões vão envolver uma situação de vida ou morte. Muito poucas decisões deixarão você totalmente sem dinheiro para o resto da vida. Em outras palavras, muitas das decisões que tomamos em nossas vidas são menores. Se esse for o caso, devemos parar de ter tanto medo de tomar uma decisão. Ela envolve algum assunto menor ou trivial mesmo. Dificilmente vai fazer uma grande diferença em nossas vidas.

Acima de tudo, não fique no meio da estrada. Embora fazer isso sugira segurança, também significa que você nunca realizará nada que valha a pena. Decida por um curso de ação, e siga a todo vapor.

Não fique no meio da estrada. Pessoas que ficam no meio da estrada são as primeiras a ser atropeladas!

Cinco razões para ser um extremista

Agora que falei sobre as pessoas e sobre como se tornar um extremista, deixe-me voltar um pouco e partilhar cinco razões pelas quais devemos ser extremistas. Equilíbrio é para os fracos de coração, e ordinário é para as ovelhas. Já o extremo, esse é você no espelho. Então aqui vão cinco razões para lhe dar um gosto do que está por vir.

1. A emoção de jogar

Pessoas que evitam jogar ao extremo porque têm medo ou querem garantir a segurança estão perdendo uma coisa fabulosa – a emoção de jogar. É por isso que a vida delas é monótona, parada e entediante. Para começar, você nunca vai extrair prazer de coisas que nunca fez.

Mas quem está jogando não sofre com tal fardo. Nada dessa carga, amigão. Quando eu marcava gols para o time da escola, eu curtia como nunca. Mesmo que nós perdêssemos na semifinal, ainda assim era fabuloso. E nosso time de *sepaktakraw** também perdeu na final. Embora tivéssemos perdido a partida, eu não mudaria nada. Eu tinha a emoção de jogar e participar. E isso é um prêmio que o dinheiro não pode comprar. Assim como nas Olimpíadas, "o importante não está em vencer, mas em participar".

É claro que eu também senti o doce sabor de ganhar. Eu já ganhei um torneio de tênis, um torneio de dardos, um torneio de futebol e um torneio de *sepaktakraw*. Ainda consigo sentir a adrenalina das vitórias de uns vinte anos atrás. Também fui afortunado o bastante para ganhar alguns prêmios de escrita, e as duas placas estão orgulhosamente expostas em minha sala de estar.

Ainda consigo sentir a emoção de fazer rafting pelas corredeiras em Cairns, ainda me lembro da festa da Contiki uma noite inteira em Munique, ainda consigo sentir o frio na barriga de quando andei na montanha-russa Colossus, em Los Angeles, e ainda posso ver o lindo pôr do sol no Grand Canyon. Ainda consigo tudo isso porque estou no jogo.

Hoje, a emoção de ver meus livros na lista de *best-sellers* é igualmente eletrizante. Hoje, fico empolgado quando vejo membros da plateia se animando com as minhas palavras. E, quando nossa jovem empresa teve, pela primeira vez, um faturamento de um milhão de dólares, eu fui às alturas.

Tudo isso é possível somente porque eu estou no jogo. Eu estou participando e jogando.

---

* N. do T. Popular no Sudeste Asiático, o *sepaktakraw* é um esporte que mistura elementos das artes marciais com futebol e vôlei.

2. Você aprende coisas novas

O segundo benefício de jogar é que você aprende coisas novas. Quando você decide fazer *skydiving*, você acaba adquirindo conhecimento sobre o esporte. (Pode acreditar, nesse caso você vai absorver cada palavra do instrutor. Na verdade, você vai ler os lábios dele!) Se você quiser fazer mergulho, vai aprender sobre o assunto também.

Por exemplo, eu sei um pouco mais do que a média das pessoas em matéria de velejar. Eu sei sobre iates, seu design, janelas de tempo e velejar ao redor do mundo. Eu sei essas coisas porque tenho um amigo que, por acaso, é corretor de iates na Cidade das Velas, também conhecida como Auckland, que me leva em seu barco e me conta sobre o maravilhoso mundo náutico.

Embora eu não tenha intenção de velejar ao redor do mundo tão cedo, aprender todas essas coisas maravilhosas oferece uma outra visão.

3. Você faz novos amigos

Um terceiro bônus é que você faz novos amigos quando está no jogo. Na verdade, você não tem como não fazer amigos.

Alguns anos atrás, participei de uma excursão Contiki de ônibus pela Europa. Deixe-me resumir a história dizendo que foram alguns dos melhores nove dias de minha vida! Eu curti para valer, e fiz novos amigos de todo o mundo! Alguns eram australianos, alguns americanos, uma coreana, quatro japoneses, um italiano e um sul-africano. No ano seguinte, David, que era o sul-africano, veio para Kuala Lumpur e ficou em minha casa uma semana antes de ir ao Japão visitar dois outros membros da expedição. Alguns anos atrás, eu liguei para ele quando voei para Johanesburgo, e foi fabuloso encontrá-lo e conhecer sua família.

Há alguns anos, fui fazer rafting no rio Sun Kosi, no Nepal. Conheci Steven, da Nova Zelândia. No ano seguinte, ele veio a Kuala Lumpur e passou algum tempo comigo e com minha família.

Ora, eu não teria conhecido esse pessoal tão bacana se eu não tivesse ido a esses lugares e tivesse ficado em casa, em segurança. E que tragédia isso teria sido.

4. A vida é muito curta para ser ordinária

Como já disse no início deste capítulo, a vida é muito curta para ser ordinária. Só que isso não é apenas uma bela frase de efeito, é a verdade.

Estou com 50 anos ao escrever isto. Mas ainda me lembro de meu tempo de escola como se fosse o ano passado. Algumas das coisas que fiz e algumas das coisas que disse estão tão claras em minha mente, como se tivessem acontecido momentos atrás. Mas a realidade é que terminei a escola há 32 anos. Sempre me pergunto: "Foi há tanto tempo assim?".

Ainda me lembro claramente de meu treinamento de voo básico em Manila, também. Todos os voos, a diversão, os bons momentos e os maus estão todos em minha mente como se fosse ontem. Mas isso também foi há mais de trinta anos.

Muitas das coisas, incidentes e acontecimentos dos últimos vinte anos são claros como o dia em minha mente. Eles já passaram há muito, mas bem poderiam ter acontecido ontem. Lembro-me de meu primeiro carro, das garotas que namorei, das festas a que fui, dos jogos que joguei, das viagens que fiz, das pessoas que foram boas comigo, e dos triunfos ao longo do caminho.

É claro que não houve apenas coisas boas. Já derramei lágrimas, já fiquei sem dinheiro, passei por maus momentos e, sim, há arrependimentos também. Há coisas que eu gostaria de jamais ter feito e palavras que queria jamais ter dito. Mas elas aconteceram e agora são águas passadas. E acho que é tudo parte do viver. Acredito que é o que me faz ser eu.

Mas eu me arrependo de fazer coisas extremas? Nem em um milhão de anos. Na verdade, eu faria de novo, e de novo. E desta vez vou levar minha família junto, para que eles também possam desfrutar desse presente da vida.

Viva enquanto você pode, porque a vida passa num piscar de olhos.

5. De qualquer jeito, você ganha

Você deve fazer coisas ao extremo porque ganhará de qualquer jeito. Se fizer bem, ora, o paraíso o espera. No caso improvável de não ter sucesso, sua vida ainda será danada de boa. Você vai saborear a escalada. Assim como eu desfruto da vista no topo, desfruto da escalada na mesma medida. A própria jornada já é uma recompensa.

O sucesso, como dizem, não é um destino, mas uma jornada. A vida é muito curta para ser ordinária.

Está falando sério sobre se tornar um milionário?

Todo mundo que encontro me responde a mesma coisa – querem se tornar milionários.

Eu sempre sorrio e lhes desejo o bem. Mas, do fundo do meu coração, eu sei que vai continuar sendo um sonho para eles. Eu sei que vai continuar sendo um pedido feito a uma estrela para a maioria deles.

É claro que eles dizem que querem se tornar milionários. Mas esse querer é apenas um entre centenas de quereres que eles têm –

carrões, casas grandes, esposa pequena, a melhor sala da empresa, promoções anuais, bônus de cinco meses, o respeito de seus pares, ganhar o Prêmio Nobel, aparecer na capa da revista *Time* e paz para toda a humanidade.

Muita gente está confortável onde está, mesmo que o lugar onde estejam agora não seja tão confortável. Muita gente prefere estar no buraco em que está. Claro, eles estão num buraco, mas, espere aí, é um buraco que eles conhecem. Melhor um buraco que você conhece do que o paraíso prometido acima.

Então, quando digo a eles o que é preciso para se tornar um milionário, uns 50% dos 100 originais continuam no jogo. Os 50 que saem vão racionalizar: "Ora, claro que não vou dirigir uma BMW, mas um Proton Juara* ainda é um carro. Ainda estou vivo e respirando. Não sou um peso para ninguém, não estou perturbando ninguém e devo receber uma promoção daqui a três anos. Minha vida não é tão ruim, afinal. Acho que vou voltar a ser o Zé comum. Muito obrigado".

Então já são 50 fora da equação. Veja bem, os 50 que ficaram ainda não estão tão certos.

Então eu pergunto a eles: "Estão falando sério sobre se tornar milionários?".

Todas as 50 mãos sobem rápido. Sonhos de vida boa passam por seus olhos nesse momento.

"Está bem, deixe-me elaborar o que quero dizer com *sério*", eu continuo. "Quero dizer que você deve estar disposto a fazer o que for preciso e pagar o preço que for. Significa que você tem de parar de fazer o que está fazendo agora e começar a fazer as coisas de maneira diferente; quero dizer que você tem de

* Modelo de minivan lançado na Malásia em 2001 e que, devido à baixa receptividade, deixou de ser produzido dois anos depois.

parar de andar com as pessoas com quem está andando hoje e conhecer pessoas novas e estranhas; parar de jogar golfe, parar de pescar, parar de correr atrás de mulheres e parar de falar sobre outras pessoas."

"Sério quer dizer que você tem de começar a aprender novas habilidades e colocá-las em prática; sério quer dizer que você tem de começar a ler um monte de livros e frequentar um monte de aulas e seminários; sério quer dizer que você tem de passar horas aperfeiçoando seu ofício; sério quer dizer que você tem de pagar dinheiro sério para receber conselhos de qualidade."

"Sério quer dizer que você está disposto a cair; sério quer dizer que você tem de ignorar o que os outros podem dizer ou pensar de você; sério quer dizer que você tem de fazer o oposto do que a maioria das pessoas está fazendo."

Aqui, eu faria uma pausa e olharia em seus olhos. Enquanto minhas palavras penetram em seus corações, eu continuaria devagar: "Certo, agora que vocês sabem o que sério quer dizer, quantos de vocês estão dispostos a pagar o preço?".

Dos 50 restantes, vão ficar apenas 10.

Lembre-se, eles ainda não *fizeram* nada. Tudo o que eu fiz até agora foi *dizer* a eles o que é necessário para se tornar um milionário, e, no entanto, 90% já escolheram sair; 90% já foram nocauteados e a luta ainda nem começou!

Eu sei que quando a coisa apertar e eles começarem realmente a fazer o que eu disse antes, vão restar apenas cinco.

Eu me tornei um milionário porque levei isso a sério. Eu paguei todos os preços necessários e fiz tudo o que tive de fazer para me tornar um. Eu fiz tudo o que tive de fazer. Embora seja verdade que tenho muitos outros quereres como todo mundo, o desejo de me tornar um milionário arde mais forte do que o resto.

O desejo de me tornar um milionário se eleva bem acima do resto. E como eu levei isso a sério, eu me tornei um.

Embora seja verdade que a jornada torna-se fácil quando você sabe a fórmula e tem a receita em suas mãos, também é verdade que requer muito sacrifício aprender a fórmula. Vai requerer muito esforço, tempo e dinheiro antes que você possa colocar as mãos na receita.

Então, caro leitor, você está falando sério sobre se tornar milionário?

Capítulo V
Siga seus sonhos

Se é que já houve uma fórmula para *não* desfrutar do dom da vida, é esta: fazer algo de que você não gosta. Ou pior, fazer algo que você odeia. Essa é uma fórmula certeira para assegurar que você tenha infelicidade. Seus dias serão longos e difíceis, e suas noites, tristes e solitárias.

Por mais incrível que pareça, é exatamente isso que a maioria das pessoas está fazendo. A maioria está fazendo algo - seja um emprego ou um trabalho - que não aprecia. A maioria das pessoas está fazendo algo de que não gosta. Alguns estão fazendo algo que odeiam. A "maioria" aqui abrange dezenas de milhões!

O que é ainda mais trágico é que fazem isso por trinta ou quarenta anos!

Se você parar para pensar a respeito, verá que isso nem sequer faz sentido. Por quê? Por que alguém faria algo de que não gosta, ou pior, odeia, por quarenta anos? Bem, eu não tenho a resposta para essa pergunta, mas sei de uma coisa: é loucura viver assim.

Talvez as pessoas façam isso porque (equivocadamente) acreditam que não têm escolha. Talvez acreditem que não podem fazer nenhuma outra coisa. Talvez pensem que é seu carma continuar a fazer o que vêm fazendo. Talvez tenham muito medo de sair de sua zona de (des)conforto.

Ou talvez façam isso na esperança de que, ao fim desses quarenta duros anos, possam fazer algo de que gostam. Para esse pessoal, o trabalho é algo que eles fazem para ganhar dinheiro suficiente para fazer o que gostam mais tarde. Então eles sonham com o dia em que serão recompensados no fim. A prometida aposentadoria despreocupada que se traduz em liberdade. Liberdade para fazer as coisas de que eles gostam. Liberdade para perseguir seus próprios sonhos. E liberdade para finalmente viver!

Claro que a realidade é muito diferente. Estatísticas do Fundo de Previdência de Empregados (EPF) mostraram que 86% dos contribuintes tinham menos de $ 100 mil em suas contas do EPF em dezembro de 2011. (EPF é o plano de previdência obrigatório para empregados do setor privado na Malásia.) Embora a porcentagem seja alta, o dinheiro é, infelizmente, uma ninharia. Junte-se a isso o fato de que quase 70% dos aposentados esgotaria seu dinheiro de EPF dentro de três anos após a aposentadoria e tem-se um filme de terror. Em outras palavras, muito poucos aposentados terão dinheiro suficiente para suas aposentadorias, quanto mais para os anos dourados prometidos. Como eles vão sobreviver, quanto mais ter uma aposentadoria despreocupada, se seus bolsos estarão vazios? Como vão ser capazes de um dia fazer as coisas que gostam sem dinheiro no banco? Se eles não podem fazer as coisas de que gostam quando têm uma renda regular entrando e um pouco de dinheiro, como é que vão um dia conseguir perseguir seu amor sem uma renda regular? O cenário muito provável é que eles sejam forçados a descer a um patamar ainda mais baixo – em vez de fazer algo de que não gostam, serão obrigados a fazer algo que verdadeiramente odeiam. Eles terão de recorrer a isso apenas para ter dinheiro suficiente para sobreviver. Eles não terão escolha (se não considerarmos a morte como escolha).

Se isso não é assustador, eu não sei o que é.

Agora, essa fórmula de fazer algo de que você não gosta durante quarenta anos não é ilegal; do contrário, dezenas de milhões estariam atrás das grades. Não é errada, nem moralmente incorreta. Ainda assim, eu não a recomendaria.

Uma fórmula melhor

Eu tenho uma fórmula melhor, e aposto que você vai gostar dela muito mais do que da solução anterior do beco sem saída. Esta é a fórmula: por que não fazer algo de que você gosta desde o início? Por que não fazer algo que você ama desde o princípio? Se você fizesse isso, não facilitaria muito o seu trabalho? A vida não seria muito mais divertida? Isso não deixaria o seu dia muito mais brilhante? Não deixaria você mais saudável e mais feliz? Claro que sim.

E quando você parar para pensar a respeito, verá que esta é a única maneira de viver a vida - passá-la fazendo coisas de que você gosta, fazendo coisas que você ama, e fazendo coisas que importam. Qualquer outra escolha ficaria em segundo lugar.

Desnecessário dizer que as coisas que você ama aqui seriam de valor para você mesmo, sua família, sua comunidade e, melhor ainda, para a humanidade. Eu excluiria da equação fazer qualquer coisa ilegal ou imoral. Por exemplo, se o que você gosta de fazer é arrombar as casas dos outros, isso não conta. Se o que você ama fazer é contrabandear mercadoria, isso também não entra.

Você só tem uma vida: por que iria querer passar um minuto dela fazendo coisas que você não ama? (Brian Sher)

Agora, os críticos argumentarão contra essa solução eletrizante em duas frentes: primeiro, o homem deve sofrer antes de receber as devidas recompensas, e, segundo, se todo mundo fizer isso, quem vai fazer o trabalho duro?

Tudo bem, deixe-me montar nos dois tigres. Pessoal, eu não vou fugir nem me esconder.

Primeiramente, onde é que está escrito que o homem *tem* de sofrer antes de receber as recompensas? Onde está a lei que diz que o homem *precisa* suportar dificuldades terríveis primeiro para desfrutar de algo depois?

Vou poupar seu tempo e esforço – você nunca encontrará respostas afirmativas para ambas as questões. É uma generalização que o homem *pode* ter de passar por alguma dificuldade antes de receber as devidas recompensas. Ora, eu não tenho problema com isso. Eu entendo que o aço é forjado no fogo. O que não nos mata nos deixa mais fortes.

Entretanto, o chamado sofrimento ou dificuldade é subjetivo. O que é dor para algumas pessoas é prazer para outras. O que é dificuldade para alguns é recompensa para outros. Por exemplo, eu sei que algumas pessoas não gostam de ler; na verdade, elas odeiam. Elas odeiam como odeiam cascavéis, tufões e fedor corporal. Então, para elas, ler é o equivalente a reintroduzir a Inquisição!

Entretanto, ler é um prazer para mim. Poucas coisas se comparam à alegria de ler um livro útil que pode melhorar minha vida. Como já disse antes, já li mais de 800 livros apenas sobre questões de dinheiro. (Alguns deles eu reli mais de cem vezes!) E foi um prazer fazer isso.

E eu sei que estou onde estou hoje em parte por causa desses livros. Poder-se-ia dizer que o preço que eu tive de pagar para chegar aonde estou hoje foi ler esses livros. Mas foi um preço que eu paguei com alegria. Eu não sofri. Pelo contrário, tive grandes e fabulosos momentos lendo esses livros. Foi um prazer pagar o chamado preço, e foi uma alegria colher as recompensas também.

Então, não, eu não tive de sofrer para seguir meus sonhos. Em vez disso, eu estava curtindo para valer fazendo tudo o que eu fiz.

Quanto ao segundo argumento, encaremos a realidade. Desde quando os homens já concordaram uns com os outros? Se não podemos sequer concordar sobre paz e amor, e as outras coisas? Muito depois de estarmos todos mortos, nossos filhos ainda estarão discutindo sobre coisas que não importam.

Por melhor que eu ache que este livro seja, ele não vai converter todos os seis bilhões e meio de almas do planeta. Livros muito mais grandiosos do que este – que incluem o Corão, a Torá e a Bíblia – falharam em unir a população do mundo, então, quais as chances que este livro tem? Em outras palavras, vai haver homens felizes em fazer o chamado trabalho duro. Pode ter certeza de que haverá milhões de homens fazendo todas as coisas que você não quer fazer. Sendo assim, não se preocupe com o que outros homens podem fazer ou dizer, apenas faça o que você quer fazer e deixe os outros fazerem o que preferirem. Contanto que não seja ilegal ou imoral, simplesmente vá em frente e faça suas coisas.

Neste caso, suas coisas são as coisas que você gosta de fazer. Suas coisas são as coisas que você ama fazer. Como isso poderia ser ruim?

Procure um pouco mais

Então, agora sabemos que o truque (se é que há algo do gênero) para a riqueza e a felicidade é fazer algo adequado a suas habilidades e talento. E, tão importante quanto isso, esse algo deve ter o potencial de deixá-lo milionário. Quando essas coisas se encaixarem, então sua vida será um sonho. Rico e feliz serão as duas palavras usadas para descrever você.

Na realidade, essa situação não acontece tão facilmente. Ela não vai simplesmente cair em seu colo, direto do azul do céu. Você tem de experimentar algumas coisas diferentes antes de chegar lá. Se serve de consolo, até milionários tiveram vários empregos diferentes antes de encontrar o trabalho ideal. Eles mudaram, alteraram, trocaram de emprego antes de encontrar aquele que os levou a ser milionários.

Essa situação de fazer outras coisas pode surgir muito facilmente, e não é de todo danosa. Pode haver razões válidas para alguns homens não seguirem seus sonhos. Para começar, eles talvez estejam *realmente* seguindo seus sonhos - seus sonhos iniciais. Mas, como quase tudo, os sonhos também mudam com o tempo e as circunstâncias. Por exemplo, você se tornou arquiteto porque a palavra soava tão bem e tão promissora quando você estava na escola. Ou você decidiu ser médico para ajudar os pobres a viverem uma vida melhor. Ou escolheu ser advogado para proteger os fracos e indefesos. Esses são bons sonhos, e, pode ter certeza, você fez bem.

Mas, embora esses sonhos iniciais fossem ótimos, eles perderam um pouco do brilho para você. O que antes fazia seu coração bater mais forte agora mal consegue mover suas pálpebras. Você tem comichão por um novo desafio. Sente necessidade de um amor maior.

Daí você se lembra de como gostava de pintar quando estava na escola. Você se lembra das horas que passava no ateliê e da alegria em seu coração quando as cores começavam a tomar forma na tela. Você era tão feliz.

Então, agora, você quer voltar a pintar. Você decide seguir seus sonhos.

A segunda razão é que você andava perdido na idade das trevas. Talvez você já tenha 40 anos quando apanhou este livro. Então, já são quinze anos, mais ou menos, fazendo outra coisa para outra pessoa. São quinze anos vivendo os sonhos de outra pessoa. Se você está nessa situação, não se sinta mal, chateado ou culpado. Você estava sob a coberta da escuridão e não sabia de nada disso antes, então está tudo bem. Não há nada de que se envergonhar; todos nós passamos por fases em nossas vidas. Isso são águas passadas. Aprenda com o conhecimento e a experiência, e comece a dar aquele passo para um amanhã melhor.

Siga seus sonhos

Sua vida começa com estas palavras: siga seus sonhos. Faça o que gosta de fazer e faça o que lhe dá prazer. A vida é muito curta para se fazer qualquer outra coisa.

Se fizer isso, muitas coisas boas acontecerão. Entre outras, você vai:

- ser feliz
- se tornar muito bom em seu trabalho
- desenvolver uma especialidade
- desfrutar de seu trabalho
- desfrutar de sua vida
- ganhar toneladas de dinheiro
- se realizar, já que o dinheiro vem de seu trabalho de amor
- ser mais saudável

Uma vez que isso aconteça, sua vida será um sonho.

Agora, eu sei que algumas pessoas vão argumentar: "Se eu fizer as coisas que eu amo, como vou encontrar dinheiro para alimentar minha família?".

Se você faz as coisas que ama, o dinheiro virá. Pode não vir imediatamente, pode não vir amanhã, mas ele virá. E, quando vier, virá com tudo, como uma pororoca.

Por que o dinheiro viria?

"Mas por que o dinheiro viria?", algumas pessoas podem estar perguntando.

É simples. Se você fizer as coisas que ama, o mais provável é que você se torne muito bom nelas. Na verdade, você não tem como evitar se tornar muito bom nelas. Você não está apenas gastando tempo e esforço na empreitada, mas seu coração e sua alma também. Você tomará todo o cuidado, levará todo o tempo necessário, fará os sacrifícios necessários e quer fazer direito o tempo todo. Não é só isso. Você não vai ficar satisfeito servindo produtos ou serviços medíocres; você quer que sejam tão bons quanto você puder fazer. É o seu bebê, seu orgulho e alegria. Na verdade, você pode ir além de bom – você pode até desenvolver uma especialidade na matéria. Você poderia muito bem transformar-se em um guru.

E, se a matéria é valiosa para os outros – felicidade, saúde, dinheiro, relacionamentos, vendas, formação de equipe –, eles vão querer aprender com você. Embora seja verdade que eles podem obter alguma informação pelo caminho, ou aprender com qualquer João, Zé ou Pedro, a maioria das pessoas iria querer aprender com o especialista. A maioria das pessoas iria querer aprender com o guru. E é aí que você entra.

Numerosas pesquisas têm demonstrado repetidamente que se fatura muito dinheiro seguindo os próprios sonhos. Em seu livro *The millionaire mind* [*A mente milionária*, em tradução livre], Thomas J. Stanley, que estudou milionários dos Estados Unidos durante vinte anos, revelou que um número significativo de milionários lhe disse que seu sucesso era resultado direto de amar suas carreiras ou empresas. Repetidas vezes, disseram a ele que "se você amar, simplesmente amar o que está fazendo, o mais provável é que você tenha sucesso".

Desfrute do que você faz, e o sucesso chegará ao seu alcance. (Richard Branson)

Na verdade, isso não tem nada de novo. Um dos primeiros estudos a respeito foi feito em 1960, nos Estados Unidos. Um pesquisador entrevistou 1.500 estudantes de administração e os dividiu em dois grupos: aqueles que estavam ali pelo dinheiro e aqueles que iam usar o diploma para fazer algo que representava muito para eles. Não é de espantar que havia 1.245 alunos no primeiro grupo e somente 255 no segundo grupo.

Vinte anos depois, o pesquisador analisou os formados e descobriu que 101 deles haviam se tornado milionários. E veja só: todos, exceto um desses milionários, vinham do segundo grupo! Em outras palavras, 100 se tornaram milionários porque seguiram seus sonhos, e somente um chegou lá porque seguiu a trilha do dinheiro.

Deixe-me partilhar com você uma citação:

"Você pensa em dinheiro e não consegue fazer a coisa certa. Mas o dinheiro sempre virá se você fizer a coisa certa, então, o esforço deve ser para fazer a coisa certa."

Essa citação veio do finado Mohan Singh Oberoi, fundador da cadeia internacional de hotéis de luxo Oberoi. Ele devia saber do que estava falando. Mohan começou a carreira como atendente no Cecil Hotel em Simla, Índia, e foi subindo até o topo, tornando-se dono de um império global de hotéis e outras indústrias. Antes de morrer, aos 104 anos, Mohan tinha 32 hotéis espalhados pelo globo, inclusive em Melbourne, Bali, Colombo, Katmandu, Ilhas Maurício, Cairo, Budapeste e mais.

Ele foi homenageado com o Prêmio Newsweek em 1977 por suas contribuições para o mundo empresarial, e, quando lhe perguntaram o que o motivara a se tornar o *hotelier* mais exclusivo da Índia e um dos maiores do mundo, Oberoi disse as mesmas palavras de maneira diferente:

> "A ideia nunca foi meramente ganhar dinheiro. O ímpeto foi pensar grande, sempre oferecer o melhor e deixar acontecer. Nome, fama e lucros viriam automaticamente."

E a coisa certa aqui é fazer as coisas que você ama.
É por isso que o dinheiro virá.

Há um intervalo de tempo

Agora, ao mesmo tempo, não vou enganar você, dizendo que o dinheiro chegará aos montes no momento em que você decidir perseguir seus sonhos. Tenha em mente que eu escrevi que o dinheiro virá. A palavra-chave aqui é "virá". Ou seja, haverá um intervalo de tempo antes que isso aconteça. Haverá um hiato. Em outras palavras, o dinheiro não virá amanhã, ou no dia seguinte.

Pode levar alguns meses, ou até anos, antes que ele venha, mas ele virá.

Essa situação surge por causa de algumas coisas. Primeiro, você levará tempo para desenvolver uma especialidade. Certamente, um ano não será suficiente para ser especialista em nada. Você vai precisar passar alguns anos cultivando suas habilidades. Caso alguém se esqueça, embora Tiger Woods tenha se tornado o número 1 no ranking do golfe aos 21 anos, ele jogava golfe desde os 3 anos! Em outras palavras, ele passou 18 anos cultivando sua habilidade para vencer seu primeiro torneio de Masters.

A seguir, também levará tempo para os outros reconhecerem sua especialidade. Eles não vão acordar um dia e, de repente, descobrir que você é a resposta para os sonhos deles. Primeiro, ouvirão falar de você. Depois, ouvirão falar um pouco mais de você. Depois, talvez leiam sobre você nos jornais. Alguns meses depois, provavelmente verão você na TV. O processo pode seguir por anos antes que eles decidam que você é realmente a solução para os problemas deles, a resposta para os sonhos deles, o escolhido, e liguem para você.

Em terceiro, o dinheiro, no início, não vai iluminar seus dias. Ele pingará devagar. Isso é de se esperar, claro. Poucas pessoas iriam querer pagar um dinheirão por um novo "especialista". (Lembre-se de que até este que vos escreve já recebeu uma ninharia no início.) Mas, à medida que você se aperfeiçoa e sua reputação cresce, o dinheiro também crescerá. Mas o crescimento não é linear. Um dia, ele simplesmente explodirá.

E mesmo que leve anos para você ver o resultado, ainda assim vai valer a pena. Lembre-se de que você estará fazendo o que ama todo esse tempo. Você estará fazendo o que gosta por todo esse período. Por que fazer outra coisa? Por que passar sua vida fazendo o que você não gosta, ou pior, odeia?

Afinal, você só tem uma vida, então certifique-se de usar esse dom intensamente. Então, siga seus sonhos, e sua vida será um sonho.

Minha história

Antes que alguém comece a afirmar que seguir seus sonhos é uma teoria da torre de marfim, somente aplicável a gente de terras distantes, deixe-me partilhar com você minha própria experiência.

Falando a verdade, sou mais afortunado do que a maioria das pessoas porque estou fazendo três coisas que amo fazer: voar, escrever e falar. Sou afortunado porque *escolhi* fazer as três coisas. Combine esses três amores com minha paixão por dinheiro, e temos um coquetel matador!

Eu me tornei piloto porque foi o primeiro emprego ao qual me candidatei e fui contratado. Sou o primeiro a admitir que voar é um trabalho fabuloso. É profundamente satisfatório, divertido e emocionante. É por isso que ainda faço isso. Mesmo após trinta anos, ainda sinto uma onda de adrenalina toda vez que ligo os motores daquele lindo Boeing 747-400.

Então, sim, estou fazendo algo que amo fazer.

Mas lembre-se de que não sou o único piloto no mundo. Há milhares de outros fazendo exatamente a mesma coisa. Em teoria, todos eles deveriam estar tão felizes quanto eu. Estamos fazendo o mesmo trabalho, um trabalho que muitos dariam o braço direito para fazer. Mas a realidade é que muitos deles não estão felizes. Como eu sei disso? Bom, uma pessoa feliz não resmunga, não reclama nem critica. Mas um número significativo de pilotos resmunga, reclama e critica. Então não estão felizes. Eles estão voando puramente pelo dinheiro.

E antes que alguns pilotos pensem que estou pegando no pé deles, deixe-me também revelar que a mesma situação se aplica a todas as outras posições. Há gente demais que não está feliz nem naqueles trabalhos desejados e excitantes, como atletas profissionais, cantores, atores, advogados e CEOs. Muitos deles fazem o que fazem só pelo dinheiro. Em outras palavras, se você tirar o dinheiro, eles param o que estão fazendo no mesmo instante. Eles largam o que quer que seja que estiverem fazendo, viram as costas e vão embora.

Quanto a mim, pode ter certeza de que estarei voando mesmo quando não houver dinheiro envolvido.

Agora, embora voar seja um ótimo trabalho, meu primeiro amor sempre foi escrever. Eu amo escrever. Escrevo desde a escola primária. Quanto ao motivo de eu amar fazer isso, é porque me sinto bem toda vez que vejo as palavras em meu cérebro aparecendo no papel. Eu sinto um barato ao ver as palavras em meu cérebro ganharem vida no papel. Isso me dá um grande prazer. Eu entro no fluxo, e o tempo simplesmente passa.

Eu me lembro da alegria da primeira vez em que tive um artigo publicado por um jornal. Eu estava no ensino médio e enviei um artigo ao *Utusan Pelajar* (um jornal para estudantes). Quando vi o artigo publicado, eu fui às alturas. Fiquei num barato durante semanas.

Então, eu sempre tive o talento.

Mas só o talento não é suficiente. (Duas das *commodities* mais baratas do mundo são talento e ideias.)

Então, cerca de vinte anos atrás, eu me matriculei em um curso de escrita ministrado a distância (na época não havia internet). Lá, eu aprendi as técnicas e a tecnologia que melhoraram imensamente minhas habilidades de escrita.

Então eu decidi começar a escrever de novo. Em 1990, enviei alguns artigos ao *New Straits Times* e tive alguns deles publicados. Novamente, a alegria de ver os artigos impressos foi indescritível. Eu fiquei tão orgulhoso que os recortei e arquivei com cuidado numa pasta. Eles não têm preço, no que me diz respeito.

O dinheiro que recebi com os artigos não era nada para se comemorar. Na verdade, eu tenho vergonha de dizer a quantia. Mas eu estava sendo pago por minhas habilidades como escritor, e isso era muito importante para mim. Eu estava sendo pago para fazer algo que eu amava, e teria feito de graça!

Então, veio o passo seguinte. Como todo escritor, eu queria escrever um livro. O sonho de ver meu nome como autor era arrebatador. Ele ardia, ardia sem parar. Então sentei e escrevi *Millionaires are from a different planet* [*Milionários são de outro planeta*, em tradução livre].

Mas eu não queria que fosse só mais um livro de mais um autor sem nome. Eu queria que fosse um livro que as pessoas gostassem de ler. Eu queria de verdade que fosse um livro do qual as pessoas falassem e recomendassem a seus amigos. Queria que fosse um livro que mudasse a vida das pessoas. Então investi tudo – tempo, esforço e carinho – para fazê-lo acontecer. Era o meu bebê, tinha meu nome e ia ser algo do qual eu poderia sentir tanto orgulho que poderia subir no alto de uma montanha e gritar seu nome.

Pode soar como "Eu não disse?", mas eu sabia que o livro seria um *best-seller* enquanto eu ainda o escrevia.

Primeiro, o livro era sobre dinheiro – um assunto caro a muita gente. Depois, eu tinha o conhecimento, a experiência e qualificação para escrever sobre isso. O mais importante de tudo é que eu o escrevi num inglês simples e descontraído. Eu queria que todos o entendessem e desfrutassem do livro. E ele tinha um título matador: *Millionaires are from a different planet* [*Milionários são de outro planeta,* em tradução livre]. Todo mundo adorou o título. Então eu sabia que o livro criaria ondas. Tudo o que eu precisava era da promoção certa.

O resto, como dizem, é história.

O livro se tornou um *best-seller* em apenas sete meses. A sequência do livro, *The millionaire in me* [*O milionário em mim,* em tradução livre], se saiu ainda melhor (visto que eu já tinha um nome e um público). Como a fórmula estava funcionando, eu escrevi mais e mais livros. Por isso, hoje sou um dos poucos malaios a ter escrito mais de dez *best-sellers.*

No entanto, embora seja ótimo o dinheiro quc cu ganho como piloto, o dinheiro que ganho escrevendo é simplesmente de outro mundo. Minha renda líquida saltou como um canguru sob efeito de anabolizantes com o dinheiro da escrita. Sem querer soar muito metido, eu poderia parar de pilotar hoje, se eu quisesse. Na verdade, eu poderia parar de trabalhar. (Se você prometer não contar ao pessoal do Imposto de Renda, posso revelar que ganhei mais dinheiro escrevendo do que pilotando, tomando só o ano passado. Ups...) E estou só na linha de partida.

Mas por que parar de fazer algo que você adora fazer? Francamente, eu nunca "trabalhei" um dia em minha vida. É isso que é pilotar ou "trabalhar" – pilotar o maior avião de carreira do mundo. Voar para Londres, Paris e Los Angeles. Ficar nos melhores hotéis do mundo. Poder vivenciar vistas maravilhosas, culinárias e culturas do mundo todo mês. Rapaz, eu pagaria para poder fazer metade dessas coisas!

E, como você sabe, isso são apenas dois terços da equação do sonho.

No momento em que decidi escrever meu primeiro livro, eu me aposentei. No momento em que *Millionaires are from a different planet* foi publicado, minha vida ganhou um significado todo novo. Eu experimentei um salto quântico em meus níveis de felicidade, saúde e riqueza.

Então, como pode ver, eu segui meus sonhos e o dinheiro veio a mim. E, como já afirmei antes, quando ele vem, ele vem com tudo, como uma pororoca, trazendo consigo seus irmãos, irmãs, primos, tios e tias. Assim como a água que corre montanha abaixo, o dinheiro corre para as pessoas que sabem o que estão fazendo.

Está vendo? Sou uma prova viva de que, se você fizer o que ama fazer, o dinheiro virá. Então essa não é uma teoria de torres de marfim, é a vida real. Não sou uma invenção de celuloide, sou um homem de verdade. Eu como a mesma comida, respiro o mesmo ar e visto as mesmas roupas que você.

Se pode acontecer comigo, pode acontecer com você.

Eu não sou o único

Na verdade, estou longe de ser a primeira pessoa a descobrir esse fenômeno. A maioria das estrelas fica impressionada com o fato de que as pessoas pagam-nas para fazer o que elas amam fazer. Estrelas do esporte têm de se beliscar de vez em quando para se lembrar de que não estão sonhando. "Estão me pagando todos esses milhões para jogar o jogo que eu jogaria de graça? Pare com isso!"

O mesmo se aplica a autores, estrelas de cinema, cantores, pintores, escritores e artistas. Eles não são apenas gente de uma terra distante. Eles vivem e respiram bem aqui entre nós, bem onde você está agora.

Conheço um homem que seguiu seus sonhos. Ele adorava desenhar *cartoons*, então fazia isso mesmo quando trabalhava como repórter policial num jornal. Quando começou, ainda eram os anos 1970, em que esse talento não era muito apreciado. (Imagine contar a seus pais que você vai ganhar a vida desenhando *cartoons*. Eles provavelmente teriam ataques cardíacos simultâneos!) Mas como ele estava fazendo algo de que gostava, desenhava assim mesmo. O resto, como dizem, é história. Hoje ele vive muito bem desenhando *cartoons*. Seu nome é Mohammad Nor Khalid, mais conhecido como Lat.

Aqui está outro sujeito que seguiu seus sonhos. Ele amava pintar, e por isso era o que fazia. Novamente, começou a pintar numa era em que tal talento não era muito apreciado na Malásia (imagine 1963!). Mas como estava fazendo algo que adorava, ele insistiu. Hoje seu nome é sinônimo de pintura na Malásia. Talvez, *o* nome em pintura. E, sim, ele vive muito bem da pintura. Extremamente bem, aliás. Suas pinturas custam dezenas, se não centenas de milhares cada! Até este que vos escreve anseia pelo dia em que possa ter um de seus quadros na parede do escritório. Seu nome é Ibrahim Husseim.

Posso listar mais nomes de pessoas que conheço que seguiram seus sonhos. Entre elas, o *chef*-celebridade Wan, a atriz Michelle Yeoh e o dançarino Ramli Ibrahim. Eles seguiram seus sonhos (mesmo que não tenha sido pelo caminho convencional) e vivem suas vidas como querem viver. Por acaso, eles estão entre as pessoas mais proeminentes do país. (Embora eu esteja citando os sonhadores da Malásia aqui, há inúmeras personalidades igualmente proeminentes em seu país também.)

Você não quer se juntar a elas?

Como você sabe qual é a sua paixão?

Agora você pode estar se perguntando: "Como sei qual é a minha paixão?". Ora, essa questão não é tão absurda quanto parece. A realidade é que muita gente está gastando muito tempo no trabalho e fazendo isso há tanto tempo, que chega a esquecer de sua própria paixão! Eles esquecem totalmente de ter prazer, porque todo o seu tempo é gasto em seu trabalho não-tão-maravilhoso. Ou não sabem o que querem porque estão confundindo isso com o que a sociedade quer que eles queiram. Você precisa se lembrar, então, de que a sociedade, o empregador, a família, os amigos, o governo e particularmente os anunciantes querem que você queira o que eles querem que você queira. Caso você esteja se perguntando por que eles querem que você queira o que eles querem que você queira, a resposta é simples - seus quereres equivalem a dinheiro para eles. E se você seguir esse caminho, estará seguindo os sonhos deles, não os seus. Você estará seguindo a paixão deles, não a sua.

Mas não se preocupe, porque eu estou aqui para salvar o dia. Eu vou reviver a chama que um dia queimou em seu coração. Vou ajudar você a encontrar essa chama que você não sabia que tinha.

Há maneiras simples de se fazer isso. Apenas faça a si mesmo estas perguntas:

1. O que você faz quando não tem mais nada para fazer?
2. O que você se pega fazendo na maioria das vezes (fora do trabalho)?
3. O que é que vem facilmente para você?
4. O que faria você pular da cama duas horas mais cedo?

Arrá! Agora estamos chegando a algum lugar.

Digamos que sua resposta para a primeira pergunta é pescar. E se a resposta para a segunda, terceira e quarta perguntas também for pescar, então é correto afirmar que sua paixão é o golfe. Brincadeira! É claro, é pescar. Para você, pescar não é somente algo que você gosta de fazer, mas algo que você realmente aprecia, talvez até ame. Embora eu não o conheça, estou disposto a apostar dinheiro que você é bom na pesca. É muito provável que outros cheguem até você para pedir conselhos sobre pesca. Na verdade, você é tão bom que as carpas, salmões e atuns todos tremem ao ouvir seu nome! Afirmar que pescar é sua paixão seria como afirmar que o céu é azul.

Se você ainda não tem certeza, deixe-me partilhar com você o teste ácido sobre descobrir sua paixão. Não, você não precisa derramar ácido em si mesmo. Na verdade, é muito simples. E este é o teste ácido: o que você faria se o dinheiro não fosse o objeto? O que você faria mesmo que não recebesse um centavo em troca? E o "fazer" aqui é para o resto de sua vida. Em outras palavras, o que você faria pelo resto de sua vida, mesmo que não fosse pago por isso?

Sua resposta é sua paixão.

Como ganhar dinheiro com sua paixão

"Está bem, eu sei qual é minha paixão", algumas pessoas dizem. "Mas como ganho dinheiro com ela?"

Essa é uma dúvida muito comum que as pessoas têm quando falo sobre seguir seus sonhos. A maioria das pessoas não consegue fazer a relação do sucesso financeiro a partir de sua paixão. Bem, tecnicamente, isso é incorreto. Essa relação já está feita – suas paixões estão lhes custando dinheiro! Muito dinheiro!

Então, a ideia de que elas podem ganhar dinheiro com suas paixões é totalmente ausente de suas mentes. Algo alienígena, talvez.

Na verdade, há toneladas de coisas que você pode fazer para gerar dinheiro com sua paixão. Tomemos o entusiasta da pesca como nosso exemplo de trabalho e vejamos como podemos ajudá-lo a ganhar dinheiro com sua paixão.

"Está bem, eu adoro pescar", diz o entusiasta. "Mas como eu ganho dinheiro com a pesca? Além do óbvio de vender peixes, é claro."

É claro que ele pode ganhar um pouco de dinheiro vendendo peixes. Mas todos nós sabemos que o exercício mal pagará o combustível necessário para o barco. Então, não, isso não está na nossa equação.

Deixe-me partilhar apenas algumas coisas excitantes que ele pode fazer para gerar um bom dinheiro com base em seu amor pela pesca:

- organizar viagens para outros entusiastas da pesca
- treinar novos pescadores
- vender ou alugar o equipamento
- projetar novos e arrojados equipamentos
- escrever artigos para revistas de pesca
- tirar fotos e vendê-las às revistas
- abrir sua própria revista
- abrir um clube de pesca
- dirigir uma expedição de pesca
- dirigir um centro de pesca

Como você pode ver, há muitas coisas que ele pode fazer para gerar renda com a pesca. E isso é só o começo! Há muito mais que ele, como pescador ávido, pode bolar. Nós, gente de terra firme, somos muito bitolados para pensar em todas as soluções.

Caso alguém pense que não há dinheiro na pesca, deixe-me partilhar com você que a pesca é o passatempo número 1 na Grã-Bretanha. E os entusiastas gastam 3 milhões de libras anualmente em pesca! E, embora essa cifra seja de uma terra distante, uma cifra semelhante, ainda que menor, poderia aparecer na sua parte do mundo.

Claro que, para gerar o dinheiro, nosso pescador tem de fazer mais do que apenas pescar. Ele tem de fazer mais pesquisas, ler, testar, medir, perguntar e muito mais. Mas lembre-se, isso não é "trabalho" para ele. Ele está seguindo sua paixão, então, fazer tudo isso é divertido para ele. Na verdade, ele pode fazer isso por horas a fio e nem se dar conta do tempo. E não nos esqueçamos de que tudo isso só pode fazer dele um pescador melhor.

Por exemplo, como o dinheiro é a minha paixão, eu não apenas aprendi sobre como ganhar mais (embora isso seja muito importante). Eu aprendi a gerenciá-lo, cultivá-lo, mantê-lo, poupá-lo, investi-lo e passá-lo adiante. Eu até aprendi economia, história do dinheiro, o papel que o dinheiro teve ao longo das eras e o futuro provável do dinheiro. Isso significou ler todos aqueles livros, incontáveis revistas, visitas à biblioteca, fazer perguntas, observar e aprender com os outros. Embora isso possa soar como um bocado de trabalho para algumas pessoas, não era trabalho para mim. Era divertido fazer tudo isso e mais.

Eu fico num estado que Mihaly Csikszentmihalyi chama de fluxo – um estado de experiência ótima. Tomando emprestadas suas palavras:

> "É o que o marinheiro que mantém um curso firme sente quando o vento bate em seus cabelos, quando o barco se lança através das ondas como um potro. É o que um pintor sente quando as cores na tela começam a estabelecer uma tensão magnética umas com as outras, e uma coisa nova, uma forma viva, toma forma diante do criador atônito. Ou é a sensação de um pai quando seu filho responde pela primeira vez a seu sorriso."

Quando estou em fluxo, quando você está em fluxo, quando qualquer um está em fluxo, o tempo simplesmente voa. E esses estão entre os melhores momentos de sua vida.

Embora os exemplos anteriores sejam sobre pescar e ganhar dinheiro, uma lista semelhante apareceria para quase todas as outras coisas. Se sua paixão é o golfe, você pode fazer muitas coisas para gerar renda com o golfe. O mesmo se aplica para o tênis (ou qualquer outro esporte), cuidar de plantas, desenhar, cantar, dançar, moda, culinária e mil e uma coisas mais.

No fim das contas, chegamos à linha divisória. Eu digo: "Siga seus sonhos e faça as coisas que você ama, porque a vida será um sonho". Outros dizem: "Faça as coisas que você odeia por 40 anos na esperança de que um dia possa fazer as coisas de que gosta (se não morrer antes)".

Quem você seguiria?

Capítulo VI
Entre em vendas

Deixe-me ir direto ao assunto: para ganhar muito dinheiro durante a vida, você tem de entrar em vendas.

Embora você ainda possa se tornar um milionário poupando e investindo seu dinheiro, você tem de entrar em vendas para ganhar o dinheiro realmente graúdo. (Para uma explicação completa de como se tornar um funcionário milionário, confira meu segundo livro, *The millionaire in me.*) No meu caso, levei 13 anos para conseguir um milhão, mas menos de cinco anos para triplicar essa quantia. A razão para eu ter levado 13 anos – o método lento – foi que eu estava poupando e investindo o dinheiro. E a razão para eu ter levado menos de cinco anos para triplicar esse dinheiro foi que eu entrei em vendas.

Vender é a habilidade mais valiosa

A maioria das pessoas está a apenas uma habilidade do superestrelato. Elas só estão a uma habilidade de ganhar o dinheiro grosso, a felicidade e a saúde que merecem. E, frequentemente, essa habilidade que falta é a habilidade de vender.

Agora que tenho 50 anos, eu sei que a habilidade mais valiosa que um homem pode ter é a habilidade de vender. Habilidades de venda são tão preciosas porque as recompensas são de outro mundo. Um homem que sabe vender não vai sobreviver, vai sempre prosperar. Ele sempre estará liderando o grupo. Na verdade, sou capaz de me arriscar e dizer isto: se você só puder aprender uma habilidade em sua vida, que seja vender.

Não estou dizendo que outras habilidades não são importantes; elas são. Na verdade, é isso que milhões de pessoas estão fazendo – passar anos aperfeiçoando seu ofício, seja ele qual for. Gastam muito tempo, esforço e dinheiro para se tornar grandes contadores, arquitetos, médicos, engenheiros, advogados, pilotos ou tratadores de zoológico. Isso é louvável, e esse pessoal consegue ter uma boa vida fazendo o que está fazendo. Ainda assim, as chances de eles realmente ganharem dinheiro grosso e sacudirem o mundo será tênue se eles seguirem essa fórmula. Entretanto, se eles gastarem um pouco de seu tempo e esforço aprendendo a vender, algo mágico acontece – o dinheiro em sua conta bancária começa a saltar como um canguru sob efeito de anabolizantes. Em outras palavras, o que estou tentando dizer aqui é que as habilidades de venda levarão você mais longe, mais alto e mais rápido do que quaisquer outras habilidades que você possa ter.

Deixe-me levar mais adiante meu ponto de vista com uma fabulosa situação hipotética. Digamos que você acorde um dia e se pegue como CEO de sua empresa. Depois de transformar o Ed (seu rival da Contabilidade) em seu novo office-boy, você provavelmente trabalhará para aumentar o moral, a produtividade, aprimorar os sistemas, apagar incêndios, fazer planos estratégicos e muito, muito mais. Ora, isso são passos excelentes. Você vai se sair muito bem como CEO.

As vendas provavelmente aumentarão em 20%. Isso é bom – se você for um CEO mediano.

No entanto, se você quiser ser o *über* CEO, não vai fazer essas coisas todas. Essas coisas são para os CEOs medianos que não leram este livro. Tudo o que você precisa fazer são apenas duas coisas: aumentar as vendas e aprimorar os sistemas. Só essas duas coisas, e é tudo.

Suas vendas vão saltar 500%, você vai ser oficialmente declarado gênio, uma lenda viva! A imprensa vai ligar, você vai estar nas capas de todas as revistas de negócios e todo mundo vai querer ser seu novo melhor amigo! Todo mundo de repente vai declarar ter mesmo algum parentesco com você. Sujeitos contarão cheios de orgulho aos amigos: "Ei, uma vez eu cheguei a apertar a mão dele!". E, claro, as garotas concordarão que, embora você não seja um Brad Pitt, até que é bem "bonitinho"!

Todos nós sabemos quem é Bill Gates. Nós o conhecemos por ser um cara legal, um sujeito boa-pinta, um homem multitalentoso, ou porque ele vende aos bilhões? A resposta certa são as últimas quatro palavras. Jeff Bezos tornou-se um bilionário em quatro anos. É porque ele é engraçado, humilde e inteligente? Não, nós o conhecemos porque sua empresa Amazon.com vende livros (entre outras coisas) aos bilhões.

Em outras palavras, tudo o que você precisa fazer é vender, vender e vender. (E certifique-se de ser pago por isso!)

Se você parar para pensar, verá que o resto das coisas que fazemos são apenas para apoiar as vendas. Por exemplo, por que um contador está martelando todos aqueles números no computador? Resposta: para rastrear as vendas. Por que o marketing está fazendo pesquisas? Resposta: para aumentar as vendas. Por que o administrativo está controlando todos os dados de clientes? Para aumentar as vendas.

Em última análise, todos os outros estão lá para dar apoio às vendas, seja direta ou indiretamente. Se não há vendas, qual a razão de ter o melhor departamento de recursos humanos? Se não há vendas, qual o sentido de contratar o melhor contador? Se não há vendas, qual o sentido de ter o melhor atendimento ao cliente?

Então venda. Venda como se sua vida dependesse disso. Venda como o vento. Hai-ô, silver!

Por que você deve entrar em vendas

A razão pela qual você deve entrar em vendas é simples: porque o mundo recompensa vendas.

Em vendas, é:

- Fácil quantificar e medir
  Diferentemente de outras disciplinas como recursos humanos, operações ou administração, vendas são fáceis de quantificar e medir. As outras são subjetivas e difíceis de medir, mas vendas são algo simples e direto. Você tem uma meta de $ 10 milhões e aponta para ela. Se você acertar, ótimo – faça mais do mesmo. Se errar, olhe para seus métodos. Algumas coisas obviamente precisam ser corrigidas.

- Fácil brilhar e ser recompensado
  Assim como é fácil de medir, também é fácil para os que têm melhor desempenho serem recompensados. Se você alcançar ou exceder sua cota de vendas, é fácil para os poderes estabelecidos recompensarem você. Não há tonalidades de cinza. Tudo é preto e branco. Isso também significa que não dá para se esconder.

  Isso é o equivalente a ser um astro atacante no time de futebol. No fim das contas, você é medido pelo número de gols que marca. Claro, você pode estar mais para jogador de equipe, ajudando o meio de campo e a defesa, mas lembre-se sempre de que você é pago para marcar gols. Um caso extremo: mesmo que você nunca desarme um ataque em toda a sua vida, nem ajude a defesa, contanto que você continue fazendo gols, seu nome vai estar entre os titulares. Você nunca vai ser abandonado pelo treinador.

As figuras de maior desempenho querem que seja assim. Elas não querem se esconder atrás de uma parede ou sombra de números sem nome. Claro, se você for com tudo, sempre alcançará a excelência.

É por isso que você com frequência descobrirá que os CEOs de muitas empresas são da divisão de vendas. (Dica! Dica!)

- Recompensas bombásticas

Talvez a principal razão para entrar em vendas sejam as recompensas bombásticas. Em vendas você é recompensado de acordo com seu desempenho. Quanto mais você vende, maiores são suas recompensas. O que é ainda mais doce é que as recompensas não são lineares. Após uma certa cifra, as recompensas simplesmente explodem até a estratosfera.

Uma amiga minha é consultora de fundos de investimento. Como ela é extremamente boa, as vendas totais de seu grupo excederam $ 30 milhões nos últimos três anos. Por causa disso, além do dinheiro que pagaram a ela, a empresa lhe deu um Rolex de ouro de presente. Que outro trabalho pode lhe dar um Rolex de ouro?

Faça o que você ama

Quando eu digo "entre em vendas", não quero dizer bater em portas, telefonar para possíveis clientes, fazer aquelas chamadas que você abomina ou se reunir com *prospects* no McDonald's. Embora você possa fazer tudo isso, eu não recomendaria. É um trabalho duro, é cansativo, esgota suas energias e, pior, desgasta a alma. Então, não recomendo fazer esses tipos de venda.

Por que ligar para as pessoas quando você pode fazer com que elas liguem para você? Por que bater em portas quando você pode fazer a porta se abrir convidativamente para você? Falarei mais sobre isso mais adiante.

Enquanto isso, eis o que eu recomendo que você faça: entre em algo que seu coração lhe diz que é a coisa certa. Faça algo em que você realmente acredite. Algo que você goste de fazer, algo que faça seu coração flutuar. Não o que os supervisores mais graduados mandam, nem o que seus superiores querem que você faça.

Normalmente, esse algo é um produto ou serviço que você mesmo usa. Não por um dia ou dois, mas por muito tempo, talvez a vida toda. O produto ou serviço deve ser algo que você não teria problema em recomendar aos outros – amigos, parentes, conhecidos e vizinhos. Deve ser algo a que você teria orgulho de ser associado.

MMN não é a única escolha

Muitas vezes, uma das primeiras coisas que as pessoas fazem para entrar em vendas é entrar para uma organização de vendas diretas, marketing de rede ou MMN*. E fracassam totalmente.

Ora, isso não é culpa da empresa de vendas diretas ou da empresa de MMN. Na verdade, entrar para uma dessas empresas de MMN pode ser um passo muito bom. Muitas das empresas de MMN têm ótimos produtos e um excelente treinamento de vendas. Na verdade, embora eu não esteja envolvido em vendas diretas ou MMN, recomendo vivamente que todos frequentem os treinamentos de vendas dessas empresas de MMN, porque eles são simplesmente

* N. do E. Marketing multinível ou de rede.

de outro mundo. Alguns dos melhores treinamentos de vendas são conduzidos pelas empresas de MMN.

Essas empresas de MMN entenderam o funcionamento da coisa. Elas percebem que a duração e o sucesso de um novo recruta vão depender das vendas realizadas. Se um novo recruta sabe tudo sobre os produtos, mas faz muito poucas vendas, ele não vai durar. Entretanto, se o recruta faz muitas vendas (mesmo que seu conhecimento do produto seja apenas de nível superficial), ele vai ficar.

Então, por causa disso, muitas empresas de MMN têm programas de desenvolvimento de talentos (*Fast Track*) para novos recrutas. Ora, as empresas gastam muito tempo, esforço e dinheiro nessas sessões de treinamento. Durante essas sessões, os novos recrutas são ensinados sobre a empresa e seus produtos. No entanto, a ênfase do treinamento é em como vender. E eles são muito bons nisso. É por essa razão que eu recomendaria que todos participassem de seus treinamentos de vendas. Você vai aprimorar significativamente suas habilidades de vendas.

Ao mesmo tempo, temos de perceber que o MMN não é a única escolha. Embora seja uma excelente oportunidade, é apenas um negócio como qualquer outro. Apesar das afirmações de que todos ganham dinheiro com MMN, as estatísticas revelam outra coisa. Em MMN, 5% ganham dinheiro, 45% ganham apenas o suficiente para sobreviver e os 50% restantes estão ali apenas para fazer número. Tais números são mais ou menos os mesmos para todos os outros negócios.

Acima de tudo, faça isso apenas se você acredita na empresa e nos produtos. Faça somente se seu coração estiver naquilo.

Senão, você vai entrar na longuíssima lista de pessoas que fazem coisas apenas por dinheiro. Sim, você pode ganhar um pouco de dinheiro, mas por quanto tempo poderá ser feliz? Não por muito tempo, com certeza.

A maioria dos vendedores compõe-se de amadores

Tendo afirmado que você precisa entrar em vendas de um jeito ou de outro, devo acrescentar também que o mundo está cheio de péssimos vendedores. Atire uma pedra e ela cairá em um vendedor ruim. A verdade é que a maioria dos vendedores é composta de meros amadores. Seu conhecimento do produto é horrível, seu serviço é ruim e suas habilidades de persuasão são inexistentes.

Como resultado, eles se saem mal em vendas.

Talvez a principal razão para isso seja que as pessoas entram em vendas para ganhar algum dinheiro extra. Ponto final. Essa é sua principal e, muitas vezes, única intenção. Como seus olhos estão puramente no dinheiro, eles não sabem quase nada de vendas.

Para ser um vendedor bem-sucedido, é preciso fazer certas coisas. Essas coisas incluem obter algum treinamento em vendas, lendo, ouvindo fitas, indo a seminários, frequentando aulas sobre o trabalho de vendas, aprendendo com especialistas, aprimorando suas habilidades de negociação, melhorando suas habilidades de relações públicas e talvez até aprendendo PNL (Programação Neurolinguística). Na verdade, se você fizer tudo isso, não há como não se tornar um mestre em vendas.

Ao mesmo tempo, mesmo quando você já for bom, não pare para admirar suas conquistas passadas. Em vez disso, continue se aprimorando e se esforce por melhorias contínuas.

Enfatize os benefícios

Você deve sempre enfatizar os benefícios ao cliente. As características do produto são boas, mas não é isso que os clientes querem. No fim das contas, o que eles querem é isto: o que o seu produto/serviço pode fazer por mim? Claro, ter o novo iPad é bom, mas o que ele pode fazer por mim? Bem, você vai poder fazer seu trabalho mais rápido e se tornar mais produtivo. Claro, ter todos aqueles dispositivos e recursos novos no BMW é bom, mas o que eles podem fazer por mim? Bem, você vai poder dirigir com estilo, conforto, e fazer inveja a todos ao redor. Claro, seu seminário é excelente e muito divertido, mas o que ele vai fazer por mim? Bem, você será capaz de ganhar dinheiro mais rápido para poder alcançar seus sonhos. A resposta são os benefícios, e é isso que os clientes querem. Então você tem de ressaltar isso a eles para fazer a venda.

Venda consecutivamente, não uma vez só

Vendedores amadores geralmente ficam empolgados ao fazer uma venda. A verdade é que fazer uma venda isolada não tem nada de mais. Qualquer Zé, João ou Pedro consegue. Deixe-me repetir isso: qualquer um consegue. Na verdade, lançar-se a fazer vendas isoladas é uma estratégia suicida.

O que é mais importante é a venda consecutiva para o mesmo cliente. Essa é a marca de um vendedor profissional. Essa situação só pode surgir se o seu produto/serviço atender ou exceder a expectativa do cliente, se seus preços forem compatíveis com o produto ou serviço prestado e se você tiver sido justo em suas tratativas.

Embora esse devesse ser o alvo de todos os negócios, sabemos que mais da metade deles não faz isso. Essa é uma razão pela qual a maioria dos negócios e dos vendedores não dura muito. O cliente compra uma vez e acabou.

Todos os negócios e vendedores bem-sucedidos têm uma porção significativa de vendas para os mesmos clientes e indicações. Significativa no sentido de mais de 50%. É nisso que todos os vendedores deveriam mirar. Indicações e clientes que voltam são ótimos porque custam muito pouco. Não há custos de divulgação, não há custos de pesquisa e, muitas vezes, não há custo algum. O que você ganha é um cliente feliz que continua comprando de você. Essa é a meta última de qualquer negócio.

E isso é pura mágica.

Faça isso pelos milhões

A maioria das pessoas entra em vendas para ganhar alguns trocados a mais. Elas andam apertadas com as despesas mensais, sua respiração fica difícil, e então procuram um modo de ganhar um dinheiro a mais. Daí se aventuram em vendas diretas ou MMN.

Mas, como o coração delas não está nas vendas, geralmente se saem mal. Caso consigam ganhar dinheiro, com frequência é muito pouco e muito tarde. Os poucos que ganham dinheiro nas fases iniciais começam a patinar quando esgotam seu mercado natural. Em pouco tempo, em vez da Amway, Cosway ou NuWay, para eles será "no way".

Então, quando entrar em vendas, não faça isso por trocados. Não faça isso por um dinheirinho a mais, não faça por ninharia. Faça pelos milhões. Faça pelo dinheiro realmente grande. Faça porque vai fazer seus sonhos se realizarem e para você poder se dar qualquer coisa que o coração desejar.

Uma vez tendo essa meta em mente, você terá tudo para fazer as coisas certas.

Dê ao mercado o que ele quer

Outro problema no qual vendedores e negócios amadores caem é não dar ao mercado o que ele quer. Portanto, a menos que aquilo que eles querem e o que o mercado quer coincidam (o que pode acontecer), eles vão achar sua carreira em vendas bem dura. Vão durar alguns meses, no máximo. Alguns dias é o mais provável.

"Vender é duro. É difícil", eles vão dizer.

É claro, é duro. Se você estiver vendendo algo que as pessoas não querem, vai ser mais duro ainda.

Essa estratégia nem sequer faz sentido. Mesmo que você goste muito de sorvete, não quer dizer que deva usar isso como isca quando vai pescar. Estou para ver algum salmão saltando por causa de sorvete. Mas é exatamente o que muita gente está fazendo - vendendo algo que as pessoas não querem.

A coisa mais sã e simples a fazer é dar ao mercado o que ele quer. Desnecessário dizer que é de fundamental importância que suas ofertas têm de ser de valor para os outros. Ou, melhor ainda, que sejam percebidas como sendo de grande valor para a própria existência deles.

Por exemplo, embora milhares de livros sejam impressos atualmente, qualquer livreiro lhe dirá que cerca de 75% de suas vendas são de livros de autoajuda. Isso deve mostrar as coisas muito claramente: se você quer ganhar dinheiro como autor, deve escrever livros de autoajuda, e não poesia.

"Mas não é isso que eu quero fazer. Eu amo escrever poesias", me disse, uma vez, um escritor iniciante.

"Não, você ama escrever", eu o corrigi. "Poesia é o que você prefere escrever. E o que há de errado em escrever livros de autoajuda? O que há de mal, nocivo ou errado em partilhar informações úteis, que podem ajudar outras pessoas a melhorar suas vidas? Certamente não é vergonha nenhuma. Não faz de você um escritor menor."

Embora eu mesmo ame escrever poesia, devo admitir que a alegria de ver minhas palavras melhorando a vida das pessoas compensa de longe qualquer emoção de escrever poesia. Essa é uma razão pela qual escrevo livros de autoajuda.

Por acaso, uma vez perguntaram a Bob Dylan por que suas letras não eram tão contundentes como seus primeiros trabalhos.

Sua resposta? "É difícil ficar zangado com o mundo quando se é tão rico como eu."

Não é uma contradição

Algumas pessoas podem dizer: "Você está se contradizendo. Está me pedindo para entrar em vendas e também está me pedindo para seguir meus sonhos. Os dois não caminham juntos".

Não, eu não estou me contradizendo. As duas coisas caminham juntas. Só é uma contradição e um problema quando as suas habilidades e o que o mercado quer estiverem em polos opostos.

DIFÍCIL

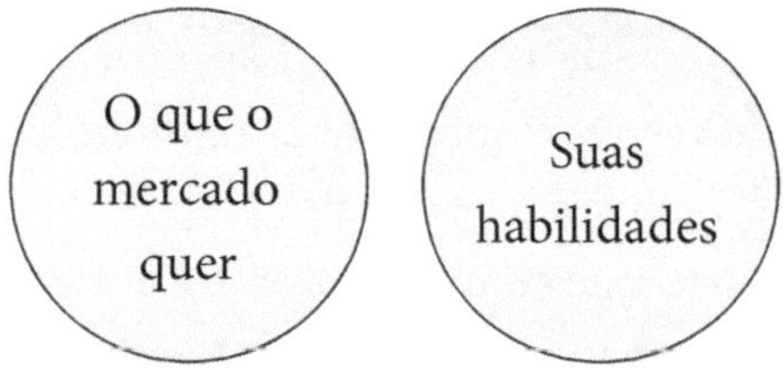

Como você pode ver no diagrama, a situação é um grande problema. O que temos aqui não é apenas uma falha na comunicação, mas, pior, é uma combinação infernal: o que o mercado quer e o que você pode oferecer são polos separados. Jamais pode haver uma união feliz nessa situação. Jamais pode haver um final feliz aqui. Que nada, a história não pode nem começar!

Então confira a próxima situação.

FÁCIL

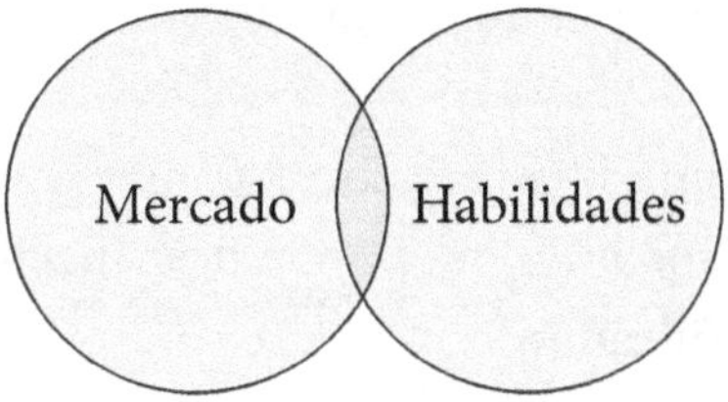

Arrá! Surge uma nova figura. Essa é certamente uma situação mais desejável. Aqui há uma sobreposição entre os dois. Suas habilidades convergem para o que o mercado quer. Agora você entende por que estou dizendo que seguir seus sonhos e entrar em vendas caminham juntos. Então, se você passar algum tempo e esforço nas áreas de intersecção, vai ganhar dinheiro facilmente. Desnecessário dizer que seu trabalho também se torna mais fácil nessa nova situação. Agora você está chegando a algum lugar.

Mas espere, não pule ainda, porque vai ficar melhor. Vai ficar melhor.

MELHOR

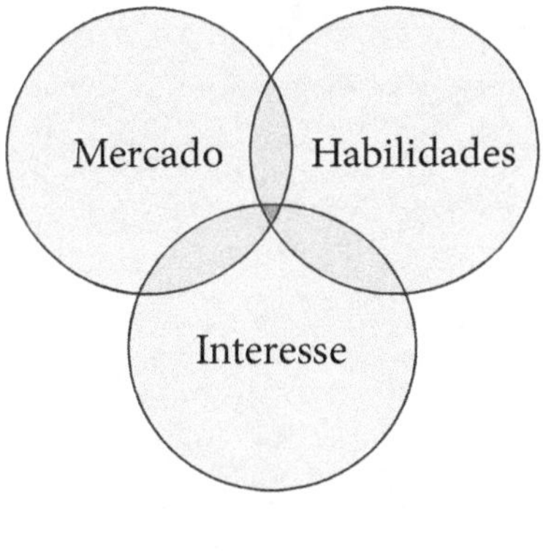

Como você pode ver, essa nova situação é melhor ainda. Aqui, o que o mercado quer, suas habilidades e seu interesse, todos eles convergem. Quando você gasta tempo e esforço nas áreas de intersecção, vai ganhar dinheiro facilmente e se divertir a valer ao mesmo tempo.

Isso é que é uma situação fabulosa, mas segure firme, porque vai ficar melhor ainda. "O quê? Pode ficar melhor que isso? Uau! Você deve estar brincando."

Não, não estou brincando. Então segure firme, porque estamos chegando ao paraíso.

PARAÍSO

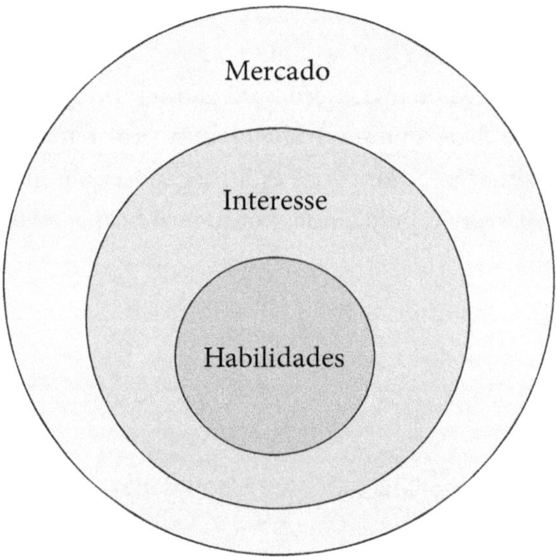

Bem-vindo ao paraíso. Ou, ao menos, o paraíso nesta vida. É aqui que suas habilidades e interesse são exatamente o que o mercado quer. Aqui, praticamente tudo o que você faz gera dinheiro. Você agora ganha dinheiro; você faz o que gosta e ganha dinheiro; você segue seus sonhos e ganha dinheiro; você dorme e ainda ganha dinheiro.

E isso não é teoria. Eu conheço pessoalmente algumas pessoas que estão exatamente nessa posição. Elas estão no sétimo céu. Dica: todas elas são extremistas. E não são só os outros. É aqui que Azizi Ali está.

Eu estou exatamente nesse paraíso. Como você já sabe, minha paixão é o dinheiro. Minhas habilidades são escrever e falar. E é exatamente o que o mercado quer! Isso significa que estou me divertindo, o tempo todo, e ganhando dinheiro no processo.

Agora, deixe-me mostrar a você como subir nessa viagem de tapete mágico para o paraíso.

> *O melhor e mais curto caminho para fazer sua fortuna é deixar que as pessoas vejam claramente que é do interesse delas promover o seu.* (Jean de La Bruyère)

Como fazer seus clientes procurarem você

Como eu disse antes, por que telefonar para as pessoas quando você pode fazer com que elas liguem para você? Por que bater às portas quando você pode fazê-las abrir-se automaticamente para você? Embora possa soar um pouco distante para algumas pessoas, isso pode ser feito. Sem truques, sem espelhos e sem abracadabra; você realmente pode fazer isso acontecer. Continue lendo.

1. Não apenas participe – domine

Uma vez que você esteja no jogo das vendas, a próxima coisa a fazer é dominar. Em outras palavras, não apenas jogue o jogo, e não apenas participe, mas domine. Não seja um jogador de basquete, seja um Michael Jordan. Não seja um piloto de F-1, seja um Michael Schumacher.

"E como eu faço isso? Diga-me, por favor!"

Quando eu digo dominar, não quer dizer que você tem de ser o líder do mercado (embora seja um bom lugar para se estar). É difícil ser o fabricante número 1 ou número 2 de refrigerantes quando dois gorilas de 300 quilos chamados Coca-Cola e Pepsi estão no caminho. É difícil se tornar o fabricante de carros número 1 quando a General Motors e a Toyota são seus concorrentes.

O que você tem de fazer é escolher uma categoria em que possa brilhar. Você pode escolher onde quer lutar. Assim, escolher onde lutar é mais importante do que com quem lutar. Então, em vez de lutar no ramo dos refrigerantes, você cria uma nova categoria – bebidas energéticas, que é o que Red Bull está fazendo. Ele não está indo de cabeça contra dois gorilas de 300 quilos. As chances de vencer são maiores aqui.

Ou você pode escolher lutar na zona de segurança. Em vez de tentar produzir carros para todos, a Volvo decidiu entrar na briga no âmbito da segurança. E nós temos de dar crédito onde ele é devido. Quando pensamos em carros seguros, o nome Volvo é o primeiro que vem à mente. A realidade é que muitos outros carros, como Mercedes e BMW, são igualmente seguros. Mas a Volvo fez da segurança a sua palavra, tanto que os outros não querem nem brigar nessa categoria. Então a Volvo dominou uma categoria, apesar de ser uma companhia muito menor em comparação com as gigantes. A Volvo também vende muitos carros.

Mas, embora esses sejam negócios de bilhões de dólares, a mesma coisa se aplica até quando se está sozinho. Mesmo quando é só você contra o mundo, você pode pegar essa estratégia e fazê-la funcionar com o maior sucesso para você.

O que você faz é criar uma nova categoria. Por exemplo, a maioria dos palestrantes se vê como palestrante motivacional. Eu não. Azizi Ali fala sobre dinheiro. Ponto final.

Comparado a muitos de meus pares do circuito de palestras, eu não passo de um noviço. Alguns deles têm dado palestras há anos. Por exemplo, Dato Lawrence Chan está no *front* há trinta anos! Isso é quase o tempo que já vivi. Então, no meu caso, ir contra ele ou muitos dos palestrantes mais experientes seria o equivalente ao Red Bull tentar brigar com a Coca-Cola no ramo de refrigerantes.

Então eu nem me dou ao trabalho.

Em vez disso, escolhi uma categoria em que eu poderia não apenas fazer meu nome, mas realmente dominar. Primeiramente, há muito poucos palestrantes que falam ou querem falar sobre dinheiro na Malásia. Essa é uma razão pela qual escolhi falar somente sobre dinheiro. Embora eu pudesse falar sobre os sete hábitos, os "six sigmas", as cinco disciplinas e até sobre os Três Porquinhos, decidi não fazê-lo. Eu falo sobre uma coisa e somente uma coisa: dinheiro.

Em outras palavras, se você quer aprender sobre formação de equipes, motivação, saúde, tirar A na escola ou melhorar seus relacionamentos, vá para os outros. No entanto, se você está interessado em ganhar dinheiro, poupar dinheiro, cultivar dinheiro e desfrutar do dinheiro, então você veio ao sujeito certo. Pode vir comigo!

Como resultado desse foco, eu lidero essa categoria. Por sua vez, como eu lidero, o dinheiro acaba sendo bom. Muito bom.

Um bom bônus de fazer isso é que, em vez de ser um concorrente dos outros, eu agora me torno um colega e parceiro. Quando as organizações querem um palestrante sobre dinheiro, sou eu que eles recomendam. Claro que eu também retribuo o favor. Quando as organizações querem especialistas nesses outros tópicos, eu dou o nome deles. Todo mundo ganha.

2. Seja o especialista

O próximo passo que você tem de dar é ser um especialista reconhecido no setor específico. Isso obviamente significa que você tem de passar tempo pesquisando e aprendendo sobre o tema. A propósito, não conte apenas com as qualificações de dez anos atrás do seu currículo, mas entre em modo "aprendizado contínuo". Sempre se esforce para ficar cada vez melhor.

3. Destaque-se da multidão

Tendo se tornado um especialista, você também precisa se destacar da multidão. No mundo real, haverá outros especialistas (leia-se concorrentes), mesmo no nicho que você escolheu. Então o que você quer fazer é se destacar do resto da manada. Assim, sua cabeça será a primeira que os clientes verão quando saírem à procura de um solucionador de problemas. A sua será sempre a primeira a entrar na visão deles.

Uma maneira garantida de fazer isso é não repetir meramente o que os outros dizem. A outra maneira é fazer as coisas diferentemente dos outros. Eles vão para o "zigue", você, para o "zague". Uma vez que eles veem a luz e seguem o "zague" em sua trilha, é aí que você muda para o "zigue". (Uma vantagem em fazer isso é que você será visto como líder do mercado, e o restante, como meros seguidores.)

4. Preste serviços excelentes e ofereça produtos "mais-mais"

Os clientes hoje em dia não são fáceis. Simplesmente entregar o que você diz que vai entregar não basta para mantê-los por perto por muito tempo. O bom o bastante de hoje será apenas o mínimo do mínimo amanhã. Você tem de encantá-los, dando-lhes mais do que eles esperam. Ao mesmo tempo, continue elevando o nível.

Por exemplo, em nossos seminários, damos a nossos clientes quatro pausas para o chá em vez das duas comuns. Embora isso obviamente nos custe mais dinheiro, a boa vontade que surge daí mais do que compensa a despesa extra.

5. Associe-se à mídia

Este é um passo matador: associar-se à mídia.

A mídia está sempre procurando especialistas e pessoas que valem notícias. Embora possam pegar qualquer Zé, João ou Pedro, certamente preferem ter especialistas em seus jornais, revistas e programas de TV. Eles querem ter gente qualificada, aqueles que sabem do que estão falando nos programas deles. E é aí que você entra.

Então arranje para ser entrevistado por jornais, revistas, no rádio e na TV. Partilhe informações úteis em seus programas. Uma vez que você fizer isso, eles passarão a ligar mais e mais. E, uma vez que isso acontecer, o telefone tocará sem parar.

Por sinal, você não está tirando vantagem da mídia aqui. Não é uma via de mão única. Aqui, ambas as partes ganham. Você ganha exposição enquanto a mídia ganha um especialista com credibilidade.

Ser um sucesso nos negócios, ser ousado, ser o primeiro, ser diferente. (Henry Marchant)

Esteja preparado para o fracasso

Tudo isso é bom e bacana, mas, como tudo o mais, a realidade é que você vai falhar uma vez ou outra em sua carreira de vendas. Infelizmente, os fracassos quase sempre acontecem no começo. Os novatos encontram dificuldades porque não aprenderam a vender, não dominaram as técnicas de vendas e não sabem como fechar a venda. Como resultado, o caminho deles é extremamente difícil.

Em pouco tempo, chegam à conclusão de que vendas não são para eles. "Eu não sei vender. Não sou como você, não sou um vendedor nato como você."

Bem, ninguém é um vendedor nato. Assim como ninguém é um arquiteto, médico ou advogado nato. Você se torna um. Você aprende o ofício indo à faculdade, lendo e fazendo perguntas.

Infelizmente, algumas pessoas pensam que a única coisa de que precisam para vender é perguntar: "Você gostaria de comprar isto?".

Claro que ninguém vai comprar. Por que iriam querer comprar seu produto? Por que deveriam comprá-lo pelo preço que você está pedindo? Por que deveriam comprar de você? E por que deveriam comprar de você agora? Você não respondeu a essas perguntas. Isso explica por que ninguém compra de você.

Mas aguente firme. Continue aprendendo o ofício, continue melhorando e fazendo progressos contínuos. Aprenda com seus erros.

Tudo vai acabar dando certo. Um dia estarão cantando seu nome.

Capítulo VII

Viva a vida

Meu tempo de escola foi fabuloso e emocionante. Eu estava na maior escola de Perlis, era o artilheiro do time de futebol, joguei no time de *sepaktakraw* da escola, tinha bons amigos, passei toda a minha vida escolar na classe A e passei alguns meses fabulosos no Malay College, em Kangsar. (Não fique intimidado. Em meu penúltimo ano do ensino médio, eu era da metade que tornava possível a metade superior!)

Ainda assim, com tudo isso, devo admitir que tenho um arrependimento em relação à minha vida escolar: eu nunca fui muito ativo em nenhuma atividade extracurricular (tirando os jogos). Eu não fazia parte dos cadetes, não frequentava as aulas de *tae kwon do*, não estava no grupo de primeiros socorros e nunca participei dos concertos da escola.

Isso porque eu achava que não seria legal fazer todas essas atividades.

Eu estava errado.

A vida tem um jeito engraçado de mostrar o erro dos seus caminhos. Eu entrei para os escoteiros no penúltimo ano do ensino médio, e a única razão para ter feito isso foi para que, no certificado de conclusão, constasse "foi escoteiro". Eu não tinha intenção de ser ativo, e achei que faria apenas o mínimo necessário.

Mas tudo isso mudou em uma noite, em 1978.

Fizemos uma fogueira de acampamento na escola. Os escoteiros, monitores e monitoras estavam todos ali. Apresentamos esquetes, demos uma festa e nos divertimos muito. Acredite em mim: só pode ter sido fabuloso, porque eu ainda penso nisso trinta anos depois!

Naquele ano, eu curti muito ser escoteiro. Nós íamos acampar em lugares diferentes, organizávamos jogos e caças ao tesouro e passávamos longas noites falando sobre nossos sonhos para o futuro.

Eu me lembro de pensar comigo: "Por que não entrei para os escoteiros antes?". Meus amigos que eram escoteiros desde o primeiro ano do ensino médio já tinham ido a inúmeros lugares (incluindo Medan, na Indonésia), organizado muitas atividades, aprendido muitas habilidades e participado de muitos acampamentos com fogueira. E eu tinha perdido tudo aquilo.

Mas o que eu podia fazer? Eu já estava no penúltimo ano do ensino médio e iria deixar a escola no ano seguinte. Certamente eu não podia fazer o tempo voltar.

Então, esse é meu arrependimento dos tempos de escola – não ter participado das atividades extracurriculares.

O lado positivo dessa história é que eu aprendi minha lição. Então prometi a mim mesmo que não ia perder na vida real o que eu tinha perdido na vida escolar. Eu vou viver a vida.

Não se descobrem novas terras sem consentir em perder de vista a praia por um longo tempo. (André Gide)

Não apenas exista – viva

Muitas pessoas simplesmente vão se esfalfando pela vida. Elas acordam, vão trabalhar, ficam presas em congestionamentos, dedicam tempo e esforço mínimos, voltam, ficam presas em congestionamentos novamente, assistem à TV e repetem o processo por trinta ou quarenta anos. Nenhum lugar para ir, nada para fazer, nada por que ansiar. Mas o mundo não sente falta delas. O mundo não percebe que estiveram aqui, então, quando elas se vão, não há do que sentir falta.

Eu sei que é clichê: a vida não é para espectadores. Não é algo em que você se senta e aplaude enquanto o desfile passa por você. Aqui, você quer estar no desfile.

Só porque está respirando não significa que você está vivo. A vida é para ser vivida. Isso significa que você tem de fazer coisas, ir a lugares, conhecer gente, ver novos cenários, aprender e melhorar.

Eu já disse, em um livro anterior, que só esta vida conta. Qualquer que seja sua crença religiosa, apenas esta vida conta. Se você for para o céu na próxima vida, não tem com que se preocupar. Se você acabar no inferno, preocupação será o menor de seus problemas. E se não acredita em céu ou inferno, então você ficará morto por um longo tempo! Em outras palavras, só esta vida importa.

Então, não labute, simplesmente – jogue. Participe. Faça coisas novas. Experimente novas vibrações. Prove novos alimentos. Vá a algum lugar novo. Veja o mundo com olhos diferentes. Explore novos mundos. Faça novos amigos. Aprenda novas habilidades. Faça coisas que normalmente você jamais faria. Viva.

A propósito, pessoas que vivem estão nos noticiários. Elas são entrevistadas pelos jornais, revistas, rádio e TV. Elas são as pessoas sobre as quais lemos e ouvimos. Suas vidas parecem mágicas, quase como se vivessem numa fantasia. A propósito, mais uma vez, essas pessoas não fazem as coisas de forma ordinária, elas fazem as coisas ao extremo. É por isso que elas são notícia.

Então viva. Faça tudo isso e mais.

Se você não fizer, meu palpite é que vai se arrepender de não fazer todas as coisas citadas anteriormente. Você vai se arrepender, mesmo, de não pular nas oportunidades quando teve chance. Vai se arrepender de não aceitar o desafio quando ele veio. Vai se arrepender de não tomar a estrada menos viajada. E o que poderá fazer quando estiver com 65 anos? Você certamente não pode fazer o tempo voltar. Na vida, não há volta no tempo.

Você terá arrependimentos, assim como eu me arrependi de não ter sido ativo na escola.

E antes que alguém diga que essa é minha visão pessoal, deixe-me partilhar com você o que Nadine Star, de 86 anos, tinha a dizer sobre viver a vida:

> "Se eu pudesse viver minha vida de novo, ousaria cometer mais erros. Relaxaria. Seria mais flexível. Seria mais tola do que fui nessa jornada. Eu levaria menos coisas a sério. Correria mais riscos. Faria mais viagens, escalaria mais montanhas e nadaria em mais rios. Eu comeria mais sorvete e menos grãos. Eu teria, talvez, mais problemas reais, mas menos imaginários. Sabe, eu sou uma dessas pessoas sensatas e sãs, hora após hora, dia após dia.
>
> Ah, eu tive meus momentos. Se tivesse de fazer tudo de novo, teria mais deles. Na verdade, eu não tentaria ter nada mais, apenas momentos, um após outro, em vez de viver tantos anos com antecedência a cada dia. Eu era uma daquelas pessoas que nunca ia a lugar nenhum sem um termômetro, uma bolsa de água quente, uma capa de chuva e um paraquedas. Se eu pudesse fazer de novo, viajaria com menos peso do que tenho viajado.
>
> Se eu vivesse minha vida novamente, ficaria descalça desde mais cedo na primavera e até mais tarde no outono. Iria mais a danças, andaria mais de carrossel, colheria mais margaridas."

E, antes que alguém afirme que é apenas uma pessoa, deixe-me dizer também que conheci muitos veteranos que têm muitos arrependimentos. No entanto, seus arrependimentos não são pelo que fizeram, são pelo que eles não fizeram!

Em outras palavras, meu amigo, não espere, participe.

Olhe além do dinheiro

Falando a verdade, viver realmente a vida e fazer todas essas coisas custará dinheiro. Essa é uma das principais desculpas pelas quais a maioria das pessoas não as faz. Elas acreditam que essas experiências são gastos frívolos. São gastos extravagantes.

"Como é que vou encontrar dinheiro para fazer todas essas coisas, quando mal posso pagar as contas?" são as palavras que ecoam no ar. "É um desperdício de dinheiro."

Sim, viver ao extremo custa dinheiro.

Mas, pensando bem, poucas coisas na vida não requerem dinheiro. Até sobreviver custa dinheiro. A vida diária custa dinheiro. As pessoas que só labutam pela vida estão gastando quantidades ridículas de dinheiro para serem ordinárias. Elas estão sempre endividadas até o pescoço por comprar algum cacareco inútil. Elas trocam de carro a cada dois anos, gastam milhares fazendo *upgrades* em seu sistema de *home theatre* e torram uma quantia equivalente redecorando suas casas.

A realidade é que, com poucas exceções, o dinheiro dificilmente é um problema. A maioria de nós – certamente os malaios, cingapurenses, europeus e americanos – terá dinheiro para fazer a maioria das coisas que eu listei no livro e mais. Se você está lendo este livro, tem dinheiro para fazer praticamente todas as coisas mencionadas nele.

Em outras palavras, o dinheiro pode ser tanto uma desculpa quanto um motivo. Se você quiser algo, arranjará o dinheiro para fazê-lo. Você fará o que for preciso – trabalhar mais, gastar menos, fazer sacrifícios – para ter o dinheiro para fazê-lo. Se não o fizer, ter todo o dinheiro do mundo não fará a menor diferença. Você encontrará outros usos para o dinheiro. O que estou tentando dizer aqui é isto: você sempre terá o dinheiro para fazer as coisas que são importantes para você. Deixe-me repetir isso: você sempre terá o dinheiro para fazer as coisas que são importantes para você.

Assim como você sempre arranjará tempo para fazer as coisas que são importantes para você.

Tenho um casal de amigos que nunca para quieto. Sempre que cruzo com eles, estão indo a algum lugar ou acabaram de voltar! Já escalaram muitas montanhas (que incluem o acampamento da base do Everest), mergulharam em Sipadan, fizeram caminhadas na China e andaram até na Rota da Seda.

E veja só: eles estão tão confortáveis quanto seus colegas que têm o mesmo cargo que eles. Eles têm uma boa casa, bons carros, filhos felizes, e possuem praticamente as mesmas coisas que seus colegas. Mas lembre-se, os colegas nunca escalaram nenhuma montanha, nunca nadaram em nenhum rio, nunca fizeram o que esses dois fizeram.

Em teoria, seus colegas deveriam ser muito mais abonados, já que não gastaram um centavo viajando o mundo. Os colegas deveriam ter casas maiores, carros maiores e contas bancárias mais gordas. Mas, como você já sabe, esse não é o caso.

Eu já pus os pés em cinco continentes. Isso custou um bom dinheiro, sim. Mas eu me arrependo de passar férias em Miami? Eu me arrependo de fazer um cruzeiro em Veneza? Eu me arrependo de gastar dinheiro em um tour da Contiki? Foi um desperdício de dinheiro andar em todas aquelas montanhas-russas? Foi dinheiro pelo ralo fazer canoagem naqueles rios? *Nem em um milhão de anos.* Eu faria de novo? *Sim, senhor, com certeza.* Na verdade, da próxima vez eu vou levar minha família toda para que eles também possam experimentar todas essas coisas maravilhosas que este mundo tem a oferecer!

Por outro lado, eu tenho muitos arrependimentos por comprar coisas inúteis. Arrependo-me de gastar meu dinheiro comprando coisas que não aumentaram minha qualidade de vida nem um pouquinho. Arrependo-me de gastar todo aquele dinheiro em banhos de loja. Infelizmente, tenho muitos desses. Quando você vir a luz do dia, vai dizer a mesma coisa, mesmo que seja só para si mesmo.

Mas faça nos seus próprios termos

Agora, embora eu tenha dito que você vai precisar gastar dinheiro para viver a vida ao extremo, isso não lhe dá o direito de gastar todo o seu dinheiro. Isso não lhe dá uma permissão ou sinal verde para sair gastando por aí.

Se você só consegue se divertir gastando dinheiro, pode ter certeza de que não se divertirá por muito tempo, porque logo o dinheiro vai acabar.

O que você quer fazer é gastar seu dinheiro em coisas críticas e importantes, e não em coisas frívolas. O que você quer fazer é gastar dinheiro em coisas que importam, e não em coisas que desaparecem na noite.

Quanto ao que são essas coisas que importam, isso é o indivíduo que decide. Porque o que importa para você pode ser besteira para os outros. E o que é paraíso para eles é inferno para você.

Eu me lembro de um colega comentando sobre outro colega: “Ele deve ser maluco. Acabou de gastar $ 10 mil para turbinar o carro. Que desperdício de dinheiro”.

“Em que você gastaria o dinheiro?”, perguntei a ele.

“Ah, eu teria gastado em mais acessórios para o meu *home theatre*!”

Algumas pessoas diriam que os dois são igualmente panacas.

Isso nos leva a uma situação explosiva. Algumas pessoas são rápidas em rotular você como pão-duro se não entrar na corrida por aparelhos de última geração. Tem gente que acredita que você tem água contaminada no cérebro se se recusar a seguir o conceito de vida deles.

“O que há com esse cara? Ele tem todo esse dinheiro, mas não sabe usá-lo. Ele não sabe aproveitar a vida”, são alguns comentários comuns. Ah, você ouve muito isso.

O problema disso é que a pessoa que faz o comentário está medindo a satisfação com sua própria régua. Está medindo a diversão em sua própria escala, a qual, não é preciso dizer, é tendenciosa como um ditador corrupto.

Embora a definição genérica de satisfação seja farrear, ir às compras e gastar dinheiro como água, a verdade é que muita gente não se diverte com tais atividades. E, como não se divertem com elas, não participam de orgias de esbanjamento desvairado. Isso faz com que essas pessoas sejam bobalhonas? Isso as qualifica como gente que não sabe aproveitar a vida? A resposta é um óbvio não.

Na verdade, eu admito que não gosto de fazer compras. Vejo muita porcaria inútil sendo vendida hoje que não faz a menor diferença para a vida das pessoas. Além de esvaziar suas contas bancárias, é claro. Mesmo que eu nunca mais compre nenhum cacareco na vida, está ótimo para mim.

Por exemplo, para mim, carros são apenas máquinas que vão de A a B. Embora eu saiba apreciar uma boa engenharia, eles não me entusiasmam. Contanto que o carro seja seguro, confortável e ande bem, eu andarei nele. Sim, posso até comprar um Proton Juara um dia! (Uma vantagem de fazer isso é que eu nunca teria de me preocupar com ladrões querendo roubar o Juara.)

Eu vivo uma vida simples, sem muitos bens materiais. Minha casa é geralmente descrita como espaçosa por novos visitantes. A razão de ser espaçosa não é por ela ser grande; é porque não há nada dentro! Claro, tenho alguns quadros na parede e fotos de minha família no escritório, mas não muito mais.

Para disfarçar a falta de bens materiais e decoração, apelo para o conceito "minimalista". Como isso soa moderno, os visitantes sempre movem a cabeça em sinal de aprovação. Alguns até chegaram a dizer: "É assim que todas as casas deveriam ser!".

Eu só compro coisas para casa se elas passam em um destes três testes. Um: é útil? Dois: é bonito? E três: é significativo? Ou melhor, em todos os três. Se o item não passa em um desses testes, eu não gasto meu dinheiro nele. Comprar seria apenas juntar entulho em casa e, assim, entulhar minha vida. E eu preciso de entulho tanto quanto de um duelo de espadas com Gêngis Khan.

Mas, ainda assim, os críticos continuam derramando mais mentiras e veneno.

Tenho pouco tempo para gente assim. Eu descobri que tais afirmações são quase sempre feitas por quem não fez nada na vida e, pior, está a um passo do aniquilamento financeiro. Posso lhe dizer que nunca conheci um milionário que criticasse os outros por não saberem como se divertir.

Então viva em seus próprios termos e ignore os críticos. Você não deve nada a eles e não precisa provar nada a ninguém.

Se minha experiência serve para alguma coisa, saiba que um dia eles olharão para você para se inspirar!

Eu gosto de ver um homem que tem orgulho do lugar onde vive. Gosto de ver um homem viver de modo que seu lugar teria orgulho dele. (Abraham Lincoln)

Agarre a oportunidade

Reconheço que uma razão pela qual já rodei o mundo é que sou piloto. Em outras palavras, sou pago para fazer muitas viagens. É meu trabalho viajar ao redor do mundo. (Sim, você está certo, a vida não é justa!)

Mas vamos um passo além. Sim, eu já estive em Paris, Londres, Sydney, Pequim e Nova York, mas muitos pilotos e comissários também já estiveram. Em teoria, todos eles vão experimentar os mesmos momentos fabulosos, se não melhores. Em teoria.

Na vida real, outra história se passa. Um número significativo deles vai a Paris e permanece dentro do hotel! Eles não saem porque sair e ver a Torre Eiffel, navegar pelo Rio Sena e ir à Disneylândia de Paris custam muito dinheiro. Então eles ficam dentro do quarto.

Ora, é claro que isso não é errado, ilegal ou imoral.

Mas qual é o sentido de viajar até o fim do mundo se tudo o que você faz é ficar dentro do quarto do hotel? Qual o sentido de explorar o mundo se você não vai provar sua comida exótica? Daria na mesma não ir. Daria na mesma ficar em seu quintal, comendo batata frita e vendo TV o dia inteiro e a noite inteira.

Embora eles não se arrependam de não fazer todas essas coisas agora, um dia vão se arrepender - quando não estiverem mais voando.

Um dia, no futuro, estarão contando histórias sobre suas viagens a seus netos. "Ah, eu estive em Paris, netinho."

"Uau! Que maravilhoso, vovô. Me conte mais, como era Notre Dame? Você foi ver a Mona Lisa no Museu do Louvre? Você andou pela Champs-Élysées? Você subiu até a Sacré Coeur?"

"Ah... não, não fui."

"Mas pensei que você tivesse ido a Paris..."

"Bem, eu fui. Mas não fiz todas essas coisas."

"O que você fez em Paris, então?"

"Ah, eu fiquei no hotel para economizar dinheiro para poder fazer compras!"

Que tragédia. Eles tiveram a oportunidade, mas a deixaram passar. Eles tiveram a chance, mas a deixaram passar para fazer outras coisas desimportantes. Você pode fazer compras em qualquer lugar, a qualquer hora, mas quantas vezes você vai a Paris?

Em outras palavras, agarre a oportunidade enquanto pode. Embora eu não esteja lhe pedindo que agarre todas as coisas que passarem em seu caminho, você certamente deve agarrar algumas. Se você é tripulante de avião e viaja o mundo, você deve aproveitar a oportunidade de realmente ver o mundo. Isso significa que você deve sair do quarto do hotel e ver os lugares, falar com os habitantes, provar a comida e experimentar as diferentes culturas.

Da mesma forma, quando você administra suas finanças, você tem de investir seu dinheiro. Poupar dinheiro é bom, mas não é o bastante. Poupar dinheiro só lhe permitirá ter algum dinheiro de sobra. No entanto, para conquistar a liberdade financeira e ter meios para fazer tudo o que você quiser fazer, é preciso investir seu dinheiro. Isso significa que você deve se envolver com propriedades, ações e, talvez, até empresas.

Nos negócios, o mesmo princípio se aplica. Oportunidades surgirão repetidas vezes. Na verdade, elas vêm tão rápidas e furiosas que a maioria das pessoas já está imune a elas. Aliás, nunca há falta de oportunidade; há apenas falta de ação. Assim como o tripulante de avião que voa para Paris, Nova York e Tóquio e fica dentro do hotel, há pessoas que têm oportunidade de ganhar muito dinheiro, mas escolhem jogar na retranca.

Você sabe quem é esse pessoal. São aqueles senhores idosos que fazem este tipo de comentário: "Eu devia ter comprado aquela casa em Kuala Lumpur há trinta anos. Estavam vendendo por apenas $ 60 mil. Agora a mesma casa vale $ 1 milhão!". São as pessoas que ficam dizendo: "Eu devia ter comprado aquelas ações da Genting quando foram lançadas. Agora, o valor está acima de $ 20 por ação". E são os empresários que dizem: "Eu devia ter aprimorado minha linha de produtos em vez de consolidar. Isso teria aumentado minhas vendas e lucros significativamente".

Mas qual o sentido de chorar pelo leite derramado? Qual o sentido de ficar falando sobre o que você deveria ter feito? Na vida, "deveria ter" não conta.

O que você vai querer dizer é isto: "Que bom que comprei esta casa por $ 650 mil há vinte anos, porque agora ela vale $ 2,5 milhões. Que bom que investi nessa empresa, porque agora as ações estão valendo cinco vezes mais".

É isso que você vai querer dizer, e não o que deveria ter feito. Mas lembre-se de que você só pode dizer isso se tiver agido.

Em outras palavras, agarre a oportunidade e aja.

Crie um orçamento

"Ah, claro, você pode fazer todas essas coisas", dirão alguns. "Olhe o dinheiro que você está ganhando. Agora, eu? Eu mal sobrevivo. Como posso conseguir dinheiro para fazer todas essas coisas emocionantes?".

Primeiro, como eu já disse antes, você sempre terá o dinheiro para fazer as coisas que são importantes para você. Você fará os sacrifícios necessários para ter o dinheiro.

Em segundo lugar, embora seja verdade que eu ganho uma quantidade decente de dinheiro como piloto, eu não sou o único piloto do país. Se fosse só uma questão de dinheiro, milhares de pessoas ganham toneladas de dinheiro a mais do que eu. Muito, muito mais. Mas quantas delas já foram a um safári na África? Quantas pessoas você conhece que já dançaram hula em Honolulu? E quantas pessoas voaram de asa-delta em Queenstown?

Então não é só uma questão de dinheiro. É questão de saber o que você quer na sua vida.

A razão pela qual eu sempre tenho dinheiro para fazer todas essas coisas é que eu poupei para elas. Eu poupava parte de minha renda todos os meses para minhas férias. Quando ganho mais, poupo mais. Quando ganho menos, reduzo um pouco a quantia. Mas eu poupo todos os meses. Isso garante que sempre terei dinheiro para fazer as coisas que eu quero fazer e ir aonde eu quero ir.

Em meu orçamento mensal, há alguns lançamentos consistentes. Primeiro, eu separo dinheiro para minha aposentadoria (isso, além do que vai para o fundo previdenciário – EPF). Depois vem o que guardo para a educação de meus filhos. Faço isso porque prefiro poupar um pouco agora a, mais tarde, pagar muito. Em terceiro vem o dinheiro para fins de investimento.

Como você sabe, oportunidades de investimento não aparecem quando você quer. Elas vêm e vão, vêm e vão. Então, a única forma de garantir que você vai poder capitalizar a oportunidade é ter dinheiro disponível o tempo todo. E você só pode fazer isso poupando consistentemente.

Depois vem a poupança para as férias. Mesmo que eu não tenha decidido o que fazer ou aonde ir, ainda assim guardo dinheiro. Eu sei que vou para algum lugar. É só uma questão de tempo.

Uma boa vantagem de poupar consistentemente desse jeito é que você geralmente tem um excedente de caixa sobrando, mesmo depois das férias! Isso significa que você pode se dar ao luxo de tirar outras férias, se quiser.

É por isso que nossa família pode sair de férias duas ou três vezes por ano. Podemos realmente decolar a qualquer hora que quisermos. O dinheiro já está lá.

Mas você só pode chegar a essa situação se guardar dinheiro para isso.

Por sinal, deixe-me também acrescentar que em hipótese alguma você deve sair de férias a crédito. Não caia no velho truque do "viaje agora, pague mais tarde". A regra aqui é simples: se você não tiver o dinheiro, não vá. Sem dinheiro, sem passeio. Férias são uma coisa que você deve bancar primeiro. Ganhe o dinheiro primeiro, e depois viaje para os confins da terra, se você quiser.

Eu faço depois

E há o grupo das pessoas que se escondem atrás do famoso "Eu faço depois".

"Eu sei que o que você está dizendo é bom", elas diriam. "Na verdade, eu quero viajar o mundo e fazer todas essas coisas que você está dizendo. Mas minha situação financeira atual não é muito boa. Há contas para pagar, mensalidades da escola das crianças, e a hipoteca está vencendo. Vou cuidar disso tudo primeiro. Quando a situação melhorar, vou começar a poupar para minhas férias."

O grupo extremo até esperaria a aposentadoria. "Quando eu me aposentar, vou poder fazer todas essas coisas. Mas, por enquanto, preciso do dinheiro para outras coisas mais urgentes."

Pessoal, a realidade é que sempre há contas para serem pagas! Você nunca chegará a um tempo em que não terá mais contas para pagar. (Bem, tecnicamente, isso está incorreto. Estando morto, você não tem de pagar conta nenhuma.)

Acho o grupo do vou-esperar-a-aposentadoria ainda mais hilário. Se você esperar pela aposentadoria para viajar o mundo, saiba que não irá a lugar algum. Você vai me dizer que um homem que em quarenta anos nunca pôs o pé para fora da fronteira do estado de repente será o Marco Polo depois que completar 65 anos? Sem chance, amigão. Ele ficará sentado na cadeira de balanço, lembrando-se dos bons e velhos tempos e cuidando dos netos. É isso que ele vai fazer. Indiana Jones ele não é.

Então, em outras palavras, você tem de fazer isso hoje. Isso não quer dizer que você tem de largar tudo e correr para as selvas de Botswana amanhã. "Hoje" no sentido de, em sua vida, no futuro próximo.

Você terá que planejar seu orçamento para isso. E, para fazê-lo, você precisa ajustar um pouco sua vida ou abrir mão de algumas coisas hoje. Mas, como eu disse antes, você faz os sacrifícios necessários para as coisas que são importantes para você.

A vida foi feita para ser vivida. Então viva. *Carpe diem.* Aproveite o dia!

Não tenha medo de cometer erros

Alguns não querem fazer isso porque têm medo de cometer erros.

Sejamos honestos. Você está fazendo algo novo. O mais provável é que caia de bunda no chão uma vez ou outra. Você vai ficar enrubescido em algumas ocasiões. Em outras palavras, você *vai* cometer erros.

E daí?

Então você caiu de cara no chão enquanto tentava patinar. E daí? Quem nunca caiu? Então você caiu praticando *mountain bike.* E daí?

Não é nenhuma vergonha.

Acho que sou o recordista mundial em quedas numa rampa de esqui! Devo ter caído pelo menos umas cem vezes no mesmo dia. Mas o fato é que hoje eu sei esquiar – um dos poucos malaios que podem dizer isso. Claro, não sou nenhum especialista, mas sei esquiar, sim!

Também já experimentei atirar, e não sou uma máquina mortífera. Eu errei o alvo de papel mais vezes do que acertei! O instrutor provavelmente teve de se segurar para não rir ao me ver segurando a pistola. Digamos apenas que o Bambi não teria o que temer comigo! Mas e daí? Eu me diverti muito e conheço a sensação de ter uma máquina que vomita morte em minhas mãos.

Levante-se, sacuda a poeira e faça melhor da próxima vez.

Evitando encrencas

Algumas pessoas têm receio de fazer todas essas coisas porque acreditam que vão se machucar ou se meter em encrenca. Essas proezas são perigosas e elas podem se machucar. Provavelmente dirão que "dez pessoas já morreram de __________ (preencha a lacuna)".

Bem, elas podem estar certas.

No entanto, também é verdade que, como todos os esportes radicais e aventuras mencionados neste livro envolvem o elemento perigo, as pessoas que os praticam levam a segurança muito a sério. Elas tomam muitas precauções e fazem tudo o que podem para minimizar, reduzir ou eliminar totalmente o risco. Por exemplo, quando A. J. Hackett abriu o primeiro local de *bungy jump*, em 1988, ele o fez com uma filosofia simples - elevar os níveis de adrenalina sem comprometer a segurança. Entre os aspectos de segurança está o fato de que o cabo de *bungy jump* é capaz de suportar cinco vezes a tensão normal. Como resultado, o *bungy jumping* é tão perigoso quanto ler um livro. Na verdade, é tão seguro que minha esposa fez *bungy jumping*.

Também é verdade que mais pessoas morreram ou ficaram feridas em situações aparentemente inofensivas. Por exemplo, pessoas morrem em acidentes de trânsito todos os dias. Na verdade, todos nós conhecemos alguém - um amigo, parente, vizinho ou conhecido - que morreu em um acidente de trânsito. Mas nós nos impedimos de dirigir? "Não" é a resposta óbvia.

E, finalmente, também é verdade que as pessoas podem citar estatísticas de ferimentos e mortes decorrentes de todas essas atividades - porque elas são monitoradas. O que não se sabe é quantas pessoas já morreram de tédio porque nunca fizeram nada em suas vidas. O que não se sabe é o número de pessoas que, em seus leitos de morte, gostariam de ter feito mais em suas vidas. Isso não é monitorado, mas deveria.

Ainda assim, o elemento perigo está lá, e pode ser real.

Devo dizer que já quebrei um osso do pé direito uma vez. Isso dói. Tive de usar muletas por três semanas para me movimentar pela casa. Também já me envolvi em um acidente automotivo. Felizmente, embora a van tenha ficado seriamente danificada, eu não me feri. Então, sim, a vida pode ser perigosa.

Antes que eu me esqueça, deixe que eu lhe diga como quebrei o osso do pé. Eu estava tentando trocar uma lâmpada em casa, quando escorreguei e caí da escada! Quanto ao acidente de carro, a van em que eu viajava fez uma curva brusca para desviar de um carro e bateu em outro. Por que eu estava na van? Ela tinha ido me buscar para um serviço de voo.

Em outras palavras, o que estou tentando dizer é que eu nunca me feri fazendo essas coisas chamadas de proezas malucas. Eu nunca me feri andando em montanhas-russas pelo mundo, nunca me feri fazendo canoagem pelo mundo, nunca me feri voando de asa-delta, e certamente nunca me feri voando. E eu voo há mais de trinta anos.

Todos os ferimentos aconteceram enquanto eu fazia coisas insignificantes dentro e ao redor de casa. Meu palpite é que a maioria das pessoas dirá o mesmo.

Você não tem de fazer tudo

Agora, embora eu incentive você a experimentar coisas diferentes na vida, é óbvio que você vai gostar de algumas coisas mais do que de outras. Idealmente, você deveria experimentar tudo o que é diferente. Mas também é óbvio que algumas coisas vão exigir demais de você.

Quando essa situação aparecer, caia fora. Você não tem de fazer tudo.

Por exemplo, embora eu tenha voado de asa-delta e parapente, nunca fiz *bungy jumping*. Evidentemente, eu queria experimentar.

Mas não consigo saltar da ponte. Anos de treinamento de voo me condicionaram a ficar no ar, não a saltar dele.

Então eu não saltei.

Mas isso não tem nada de mais. Eu não me senti menos homem por não ter saltado. Eu não me senti derrotado por não ter saltado. Não é para mim, só isso.

O mesmo se aplica a você. Se você se sentir mal, se sentir receio ou tiver reservas sobre fazer algo, então não faça. Ou pare de fazer. Não existe lei que diga que você tem de experimentar tudo na vida.

O fator medo

Outra pergunta que sempre me fazem é sobre o medo.

"Você não tem medo de fazer todas essas coisas?"

Cara, isso é como perguntar: "Você respira?".

É claro que eu tenho medo! Óbvio. Como alguém pode não ter medo antes de saltar de um penhasco? Como alguém pode não ter medo quando vê águas revoltas e rochas por todos os lados? Algumas vezes, tenho tanto medo que meus lábios secam, meu coração bate como um bumbo e a adrenalina corre nas veias a mil milhas por segundo. Na verdade, às vezes tenho tanto medo que quase urino nas calças!

Mas esse é o atrativo de tudo isso. Essa é que é a ideia: você está com medo, mas faz assim mesmo. Você está com medo até os ossos, mas abre caminho assim mesmo. Isso torna a experiência ainda mais doce.

Agora, caso isso ainda não faça sentido para algumas pessoas, deixe-me perguntar a elas: "Por que você assiste a filmes de terror? Você sabe que vai ter um ataque cardíaco em alguma parte do filme. Você sabe que vai ficar totalmente chocado em algum ponto. Não é amor, não é um sentimento caloroso, nem o que chamaríamos de experiência prazerosa. Mas você assiste assim mesmo".

Deixe-me responder à pergunta por elas. Elas assistem a filmes de terror por causa do suspense que faz roer as unhas, pelos chacoalhões e sobressaltos, pela onda de adrenalina que espicaça os nervos e pelo alívio no final. E, apesar dos ataques cardíacos, a experiência geralmente vale o preço e mais.

A mesma coisa se aplica ao fazer canoagem em corredeiras, voar de asa-delta ou mergulhar. Exceto pelo fato de que, em vez do pescoço do ator, é o seu próprio pescoço que está na guilhotina. Em vez de algum personagem de celuloide, é uma pessoa da vida real – e essa pessoa é você! Posso lhe garantir que há uma onda de adrenalina muito maior quando você é a estrela em seu próprio show (mesmo que ninguém mais esteja assistindo). É muito mais divertido do que assistir a qualquer filme, mesmo que Brad Pitt, Tom Cruise e Halle Berry estejam todos nas cenas. E é muito mais significativo quando você está abraçando a experiência.

Coragem não é a ausência de medo. Coragem é ter medo e fazer assim mesmo.

Ria de si mesmo

Talvez a força mais nobre que alguém pode ter seja a capacidade de rir de si mesmo.

Ria de seus erros, tropeços e limitações. Lembre-se de que você é humano, então não tem de ser perfeito.

E, quando você consegue fazer isso, a vida se torna completa.

O lar é tão bom quanto o resto do mundo

Não tenho dúvida de que algumas pessoas vão ficar intimidadas com as aventuras que tive e lugares onde estive. Não são muitas as pessoas que voaram de asa-delta e parapente e remaram em corredeiras. Não são muitas as pessoas que estiveram em Pequim, Buenos Aires, Cairo, Helsinki, Miami e Katmandu. Na verdade, ouso dizer que 99% da população do mundo não fez tudo o que eu experimentei nem foi a todos os lugares que visitei.

Mas, se você está intimidado, não fique. Estou lhe contando tudo isso não para me gabar de ter ido a todos esses lugares e realizado todas essas proezas, nem para mostrar que sou melhor do que os outros por isso. A verdade é que há muitos outros que fizeram muito mais coisas e foram a muito mais lugares do que eu. Descrevi essas coisas para que você tenha uma ideia do que existe por aí. Para que você saiba que esses lugares e coisas maravilhosos existem.

Depois, você não tem de ir até o fim do mundo só para viver a vida, porque você pode encontrá-la em seu próprio país. Não é uma obrigação experimentar aventuras fabulosas em terras distantes, porque você pode fazer isso bem em frente à sua casa também. Não é um requisito necessário que a aventura tenha de ser além-mar para ser ótima. Aquelas que você pode ter em casa são, em cada partezinha, tão eletrizantes quanto qualquer coisa que você possa encontrar em outro país. E elas contam tanto quanto as outras.

Claro, se você tiver a oportunidade e os meios de viajar para esses outros lugares, ou fazer todos esses outros exercícios, então faça mesmo. Agarre a oportunidade e aproveite-a em tudo que ela tem para dar.

Cada um é bom a seu modo

Alguns podem ficar perplexos com o fato de eu conseguir apreciar as luzes de neon de Las Vegas e ter um prazer semelhante observando as árvores em Taman Negara* e os vaga-lumes em Kuala Selangor**. Algumas pessoas podem ficar confusas com o fato de eu ficar eletrizado andando em montanhas-russas e ainda me arrepiar assistindo a um pôr do sol.

As duas atividades se parecem e são diferentes. Uma é brilho e glamour, enquanto a outra é o esplendor natural. Uma é toda adrenalina, enquanto a outra evoca uma beleza interior.

Mas aí é que está a resposta. Eu consigo apreciar ambas as experiências porque as aceito como são. Em outras palavras, são ambas ótimas e eletrizantes à sua própria maneira.

Quando vou a Las Vegas, não procuro beleza natural. Eu vou lá para me impressionar com os megaedifícios, o brilho e as atrações exageradas. Por outro lado, quando faço uma caminhada num parque, não espero saltos e adrenalina em cada brisa que move as folhas. Eu vou lá pela quietude, pela paz e pela beleza do verde.

Se você aceitar a beleza como ela é, vai conseguir apreciar ambas as experiências. E essa é uma das atrações da vida: a diversidade que há nela.

Uma coleção de pequenas vitórias

No entanto, vai haver pessoas que vão se perguntar: "Qual é o sentido de fazer tudo isso? Você está gastando dinheiro e arriscando o

---

* N. do T. Parque nacional localizado na Malásia, na parte central da península, a 240 quilômetros de Kuala Lumpur. Tem uma área de 4.343 quilômetros quadrados.

** N. do T. Pequena cidade histórica da Malásia.

pescoço ao mesmo tempo. Isso não me parece um bom negócio. E daí que você já navegou os sete mares? E daí?".

É verdade que muitas dessas aventuras não vão lhe render dinheiro. Em vez disso, vão lhe custar dinheiro. Também é verdade que muitos desses esportes não colocarão você na capa de nenhuma revista, não o colocarão na TV, nem lhe renderão um prêmio. É muito pouco provável que você conquiste fama internacional fazendo alguma dessas coisas.

Mas essa não é a questão.

Você não está fazendo isso por fama internacional, não está fazendo pelo dinheiro, nem para ganhar prêmio nenhum. Você está fazendo isso por você mesmo.

As pessoas que perguntam "qual o sentido de fazer todas essas coisas?" obviamente nunca fizeram nada que valesse a pena em suas vidas. Não é preciso ganhar um Prêmio Nobel ou um Grammy para ter uma vida que valha a pena. Uma vida que vale a pena viver é feita da coleção de pequenas vitórias ao longo do caminho. E muitas dessas pequenas vitórias são vitórias pessoais, tão pessoais que a maioria delas não importaria aos outros, ou nem seria do conhecimento deles.

Eu me lembro da alegria de quando andei de motocicleta pela primeira vez. Foi puro êxtase para um garoto de 14 anos. Claro que ninguém ligou, as pessoas andam de motocicleta todos os dias. Quando me apaixonei, no ano seguinte, eu pisava nas nuvens. É claro, todo mundo chamou isso de amor pueril, mas ela era tudo para mim. Quando pilotei uma aeronave sozinho pela primeira vez, aos 18 anos, foi a coisa mais espetacular. Claro, não significou nada para o resto do mundo. Mas, para mim, foi uma doce conquista, muito doce. Quando me inscrevi em dois exames e passei em ambos, enquanto meus colegas se inscreveram só em um, eu fiquei muito orgulhoso. Claro, ninguém mais ligava, nem poderia. Mas para mim era uma grande coisa. Quando pus os olhos na minha filha pela primeira vez, na sala de parto, eu pulei de alegria. Claro, ninguém me deu um prêmio; homens tornam-se pais todos os dias. Mas foi importante para mim. A menina é a *minha* filha. É dessas vitórias que estou falando. E a vida deve ser repleta dessas pequenas vitórias.

É claro que, de tempos em tempos, essas pequenas vitórias foram elevadas pelas grandes conquistas. As grandes promoções, as homenagens, os prêmios, o dinheiro grande e o casamento com minha esposa.

Ainda assim, eu lhe digo o seguinte: embora eu tenha ficado extasiado quando meu patrimônio líquido chegou a um milhão, posso lhe dizer que fiquei igualmente feliz quando consegui manter um *rally* prolongado no tênis. Assim como fiquei felicíssimo quando nossa jovem empresa atingiu, pela primeira vez, um faturamento de um milhão de dólares, também fiquei eletrizado ao andar na montanha-russa Colossus. Assim como fiquei empolgado ao ver meus livros entrando na lista de *best-sellers*, fico igualmente feliz ao estar sozinho em meu escritório, escrevendo as palavras na quietude da noite.

A jornada é, de fato, a recompensa.

MATRIX